H. J. Roggenbach / P. Sutter
TAUCHREISEFÜHRER KANARISCHE INSELN

W0052281

H. J. Roggenbach / P. Sutter

TAUCHREISEFÜHRER
KANARISCHE INSELN

Delius Klasing

EDITION NAGLSCHMID

Die Deutsche Bibliothek – CIP-Einheitsaufnahme

Roggenbach, Hans Joachim:
Tauchreiseführer Kanarische Inseln /
von Hans Joachim Roggenbach; Peter Sutter. –
Bielefeld: Delius Klasing; Stuttgart: Edition Naglschmid, 1998
(Tauchreiseführer; Bd. 25)
ISBN 3-89594-034-8
NE: Sutter, Peter; GT

ISBN 3-89594-034-8

© 1998 by Verlag Stephanie Naglschmid, Rotebühlstraße 87a, 70178 Stuttgart
Umschlaggestaltung: Buchholz / Hinsch / Hensinger, Hamburg
Titelfoto: Peter Sutter
Fotos: H. J. Roggenbach: 11, 19 o. l. + u., 23, 41, 43, 47 o., 55, 58, 66, 79, 89 u., 93, 100,
105 o., 120, 167 o., 171 u.
Peter Sutter: 2, 19 o. r., 26, 27, 30 o., 31 u., 37, 47 u., 50, 51, 71 o. l. + u., 105 u., 113,
117, 121, 129, 133, 141, 144, 153, 157, 167 u., 171 o.
Andreas Koffka: 89 o.
Jürgen Warnecke: 30 u., 31 o. r. + l., 33, 71 o. r.
Karten: Gabriele Engel
Druck: Kunst- und Werbedruck, Bad Oeynhausen
Printed in Germany 1998

Dieses Buch wurde auf umweltschonendem,
chlorfrei gebleichtem Papier gedruckt.

Alle in diesem Buch enthaltenen Angaben, Daten, Ergebnisse usw. wurden von den Autoren nach bestem Wissen
erstellt und von ihm und vom Verlag sorgfältig überprüft. Gleichwohl können inhaltliche Fehler nicht vollständig
ausgeschlossen werden. Daher erfolgen die gemachten Angaben, Daten, Ergebnisse usw. ohne jegliche Verpflichtung
oder Garantie des Autors oder des Verlags. Weder der Autor noch der Verlag übernehmen irgendeine Verantwortung
und Haftung für etwaige inhaltliche Unrichtigkeiten.

Geschützte Warennamen und Warenzeichen werden nicht besonders gekennzeichnet. Aus dem Fehlen solcher
Hinweise kann nicht geschlossen werden, daß es sich um freie Warennamen bzw. freie Warenzeichen handelt.

Alle Rechte, insbesondere das Recht der Vervielfältigung und Verbreitung und der Übersetzung, vorbehalten. Kein
Teil des Werkes darf in irgendeiner Form (durch Fotokopie, Mikrofilm oder ein anderes Verfahren) ohne schriftliche
Genehmigung des Verlages reproduziert werden oder unter Verwendung elektronischer Systeme verarbeitet, verviel-
fältigt oder verbreitet werden.

5

Inhalt

Vorwort

Nur wenige Flugstunden von Europa entfernt, offenbart sich in der Inselwelt der Kanaren einer der krassesten Gegensätze zwischen vulkanischen Urgewalten, ihren zu Land erstarrten Lavamassen, tropischen Riffen und der Gewalt des offenen Meeres. Der Kontrast zwischen den filigranen Formen aus den Korallengärten und der Begegnung mit den mächtigen Formen der Hochsee ist in kaum einem anderen Tauchgebiet so deutlich zu spüren wie hier. Nur der Spiegel des Meeres trennt die zwar fruchtbaren, aber oft noch unwirtlichen Lavamassen des Landes von einer faszinierenden Kombination an marinem Leben.

So ist es nicht überraschend, daß sich die Kanaren in den vergangenen Jahren zu einem neuen Tauchreiseziel in für uns greifbarer Nähe entwickelt haben. Wenngleich touristisch seit Jahrzehnten erschlossen, bietet das Schnorcheln und Tauchen hier noch ein sehr individuelles Naturerlebnis.

Umsichtig und einfühlsam begleitet dieser Tauchreiseführer die Leser und Leserinnen bei der Vorbereitung, Durchführung und Nachbereitung der Tauchgänge in diesem immer stärker aufstrebenden Tauchgebiet. Die Autoren bereiten ihn auf die Begegnungen mit den Tieren dieser Unterwasserwelt vor und vermitteln so Einblicke, die aus jedem Tauchgang ein unvergeßliches Erlebnis werden lassen. Mit Kapiteln über Landeskunde, Ozeanographie der Kanaren, Wüstentouren und Nützliches von A–Z trägt dieser Tauchreiseführer dem vielfältigen Angebot der Kanaren Rechnung und macht ihn zu einem unentbehrlichen Begleiter für einen Tauchurlaub auf den Kanaren.

Stuttgart, März 1998
Dr. Friedrich Naglschmid

Die Kanarischen Inseln

Geschichtliche Entwicklung

Die Geschichte der Kanarischen Inseln geht bis zum Jahre 1100 v. Chr. zurück. Die antiken Autoren Diodor und Aristoteles bringen die Phönizier in Kontakt mit den Kanarischen Inseln, sie beschreiben sie als ungestüme und wilde Eroberer. Um 600 v. Chr. gab es phönizische Schiffsexpeditionen entlang der westafrikanischen Küste. Die erste exakte Lagebeschreibung, die man auf die Kanarischen Inseln beziehen konnte, stammt von dem griechischen Geographen Strabon (64 v. Chr.–19 n. Chr.). Der Mathematiker und Astronom Klaudios Ptolemaios (85–160) aus Alexandria legte als erster den Nullmeridian durch die „Inseln der Seligen", er nannte sie „Fortunatae Insulae".

Geschichtlich gerieten die Kanaren für mehr als eintausend Jahre in Vergessenheit, bis 1339 erstmals die Islas Canarias auf einer spanischen Seekarte zu finden waren. 1341 fand eine von Portugal ausgehende Expedition zu den Atlantikinseln statt, woraus schon eine exakte Beschreibung der Kanarischen Inseln hervorging. Hiernach waren die Inseln zum Teil „kulturlose Steinmassen, aber reich an Ziegen und anderen Tieren und voll von nackten Männern und Frauen, die durch ihre Sitten und Gewohnheiten Wilden ähnelten".

1344 verlieh Papst Clemens VI. in Avignon dem französischen Botschafter beim Heiligen Stuhl, Luis de la Cerda, die Kanarischen Inseln als erbliches Lehen, doch die Monarchen von Portugal und Kastilien stellten Rechtsansprüche. Cerda und auch seine Erben haben die Inseln jedoch nie betreten.

In der Folgezeit blieben viele Eroberungsversuche erfolglos; denn Kaperfahrten mit Menschenraub waren an der Tagesordnung.

Wenn auch schon vorher die Karthager an den Kanarischen Inseln wegen der Rohstoffproduktion für einen Purpurfarbstoff sehr interessiert waren, so spielte dieser Rohstoff zur Produktion der roten Farbe im 15. Jahrhundert eine besonders große Rolle. Jean de Béthencourt, der Herr eines alten französischen Färberstädtchens, hat schließlich auf eigene Faust eine Expedition unternommen, um diesen Farbstoff zu bekommen und ihn auch selbst zu vermarkten. Auf diese Weise wurde unter Mithilfe des kastilischen Königs Enrique III. im Jahre 1404 Fuerteventura und noch in demselben Jahr die Insel El Hierro erobert. Nach fast 100jährigem Widerstand durch die Guanchen konnten zunächst Lanzarote (1402), Fuerteventura (1405), El Hierro (1405), Gomera (1450) und später Gran Canaria (1483), La Palma (1493) und schließlich Teneriffa (1496) dem kastilischen Königreich zugeführt werden. Gleichzeitig siedelten sich Normannen und später auch Andalusier auf den Inseln an, so daß es zu einer Vermischung mit der Urbevölkerung kam. Jean de Béthencourt ernannte 1405 nach seiner Rückkehr nach Frankreich seinen

Neffen Maciot de Béthencourt zum Stadthalter. Dieser verkaufte jedoch im Einvernehmen mit seinem Onkel einige der eroberten Inseln, so daß er schließlich ab 1430 nur noch Lanzarote verwalten konnte. 1445 gab es Auseinandersetzungen mit der Urbevölkerung, und er mußte zusammen mit den zu Hilfe gerufenen Portugiesen die Flucht ergreifen.

Nach dem Abkommen von Tordesillas von 1494 kam es durch den katalanischen Papst Alexander VI zu einer Änderung der Demarkationslinie zwischen den zwei verschiedenen Interessenssphären Portugal und Spanien, so daß Brasilien in den Einflußbereich der Portugiesen gelangte. Hiermit war das Interesse der Portugiesen an den Kanarischen Inseln erloschen. Die seit dem Vertrag von Acácovas (1479) in einer portugiesischen Zone liegenden Kanarischen Inseln blieben in dem päpstlichen Schiedsspruch unberührt, so daß sie weiter Kastilien unterstellt waren.

Ureinwohner – die Guanchen

Aufgrund von historischen Funden und Analysen ist man heute der Ansicht, daß die Guanchen aus der Berberei und dem antiken Libyen abstammen, nur weiß man nicht, wie sie auf die Kanarischen Inseln gelangt sind. Möglicherweise kamen sie mit der Meeresströmung auf primitivsten Fahrzeugen.

Wenn auch die Sprache und das sozialpolitische System der Guanchen verschwunden ist, so ist doch das Volk bis in die heutige Zeit erhalten geblieben. José Luis Concepcion hat die Erkenntnisse der Historiker zusammengefaßt. Hiernach besteht kein Zweifel daran, daß die Ureinwohner aller Inseln einen gemeinsamen Ursprung haben. Es gab zwei Rassen, die jedoch nur unterschiedliche Gesichtsformen hatten, ihr Körperwuchs war mittelgroß.

Sie waren mit der Seefahrt nicht so vertraut, so daß sie auch keine Verbindung zu den anderen Inseln hatten. Sie kannten eine eigene Gerichtsbarkeit, eigene Könige und es gab drei verschiedene Gesellschaftsschichten. Die Gesetze waren allerdings auf jeder Insel anders.

Arbeit und Handwerk bestanden in Viehzucht und Landwirtschaft, wobei Gerste, Weizen und Bohnen angebaut wurden. Sie beherrschten schon die Töpferei und stellten Eßgeschirr und allerlei Gefäße selbst her, wobei sie sich schon kunstvoller Techniken bedienten.

Die Guanchen wohnten in Höhlen oder Steinhütten, die man noch heute vielerorts sehen kann. Am besten erhalten sind sie auf Gran Canaria und Teneriffa. Auf Grand Canaria war die Zivilisation ihrer Zeit voraus, hier trugen die Bewohner schon frühzeitig aus Binsen und Palmblättern gewebte Kleidungsstücke neben wildlederartig gegerbten Ziegen- oder Schaffellen. Ihr Schmuck bestand aus Ketten von Tonkugeln, Muscheln, Steinen und Knochen.

Die Sprache der Guanchen hatte zwar einen gemeinsamen Ursprung, jedoch gab es auf den verschiedenen Inseln deutliche mundartliche Unterschiede.

Nirgends wird die Ursprünglichkeit der Kanaren deutlicher als beim Blick auf den Teide zu unterschiedlichen Jahreszeiten.

Durch die Eroberungen (1402 bis 1496) entstanden große Verluste bei den Urein-
wohnern, verbunden mit den entsprechenden Machtkämpfen. Die Eroberer hatten
erreicht, daß um 1423 der größte Teil der Guanchen von Lanzarote, Fuerteventura
und El Hierro zum Christentum bekehrt war. Ab 1500 erhielten die Sklaven auch
mehr Freiheit. Einigen Eingeborenen wurde Land zugeteilt, andere zogen sich in
die Berge zurück, weil sie die Hoffnung aufgegeben hatten, die Eindringlinge von
den Inseln vertreiben zu können. In den ersten Zeiten der neuen Gesellschaft kam
es durch Heiraten zu einer friedlichen Durchmischung der Bevölkerung. Die
Guanchen waren in die neue Gesellschaft eingegliedert.

Geographische Lage

Die geographische Ausdehnung der Kanarischen Inseln reicht von 27 Grad 37'
(Punta Restinga der Insel El Hierro) bis 29 Grad 23' nördlicher Breite (Insel Ale-
granza) und von 13 Grad 16' (Roque de Este) bis 18 Grad 16' (El Hierro) westli-
cher Länge.
Die Entfernung zum Festland beträgt nach Marokko in der kürzesten Distanz
100 km, nach Cadiz ca. 1100 km und nach Deutschland 4000 km, was in der heutigen Zeit je nach Windverhältnissen einer Flugzeit von 4 Stunden entspricht.
Der gesamte Archipel besteht aus 7 größeren und 6 kleineren Inseln. Die Fläche
beträgt 7470 km², 93 km² davon sind unbewohnt.

Insel	Größe (km²)	Bevölkerung pro km²	gesamt
Teneriffa	2066	292	600.000
Fuerteventura	1731	17	30.000
Gran Canaria	1532	653	1.000.000
Lanzarote	753	95	71.800
La Palma	730	110	80.000
La Gomera	380	92	35.000
El Hierro	278	25	7.000
Gesamt:	**7470**	**244**	**1.823.800**

Tabelle: Bevölkerungsdichte der Kanarischen Inseln (Stand 1992)

Politisch gesehen unterteilen sich die Kanarischen Inseln in eine westliche Provinz mit den Inseln Teneriffa, La Gomera, La Palma und El Hierro, Provinzhauptstadt ist Santa Cruz de Tenerife, und eine östliche Provinz mit den Inseln

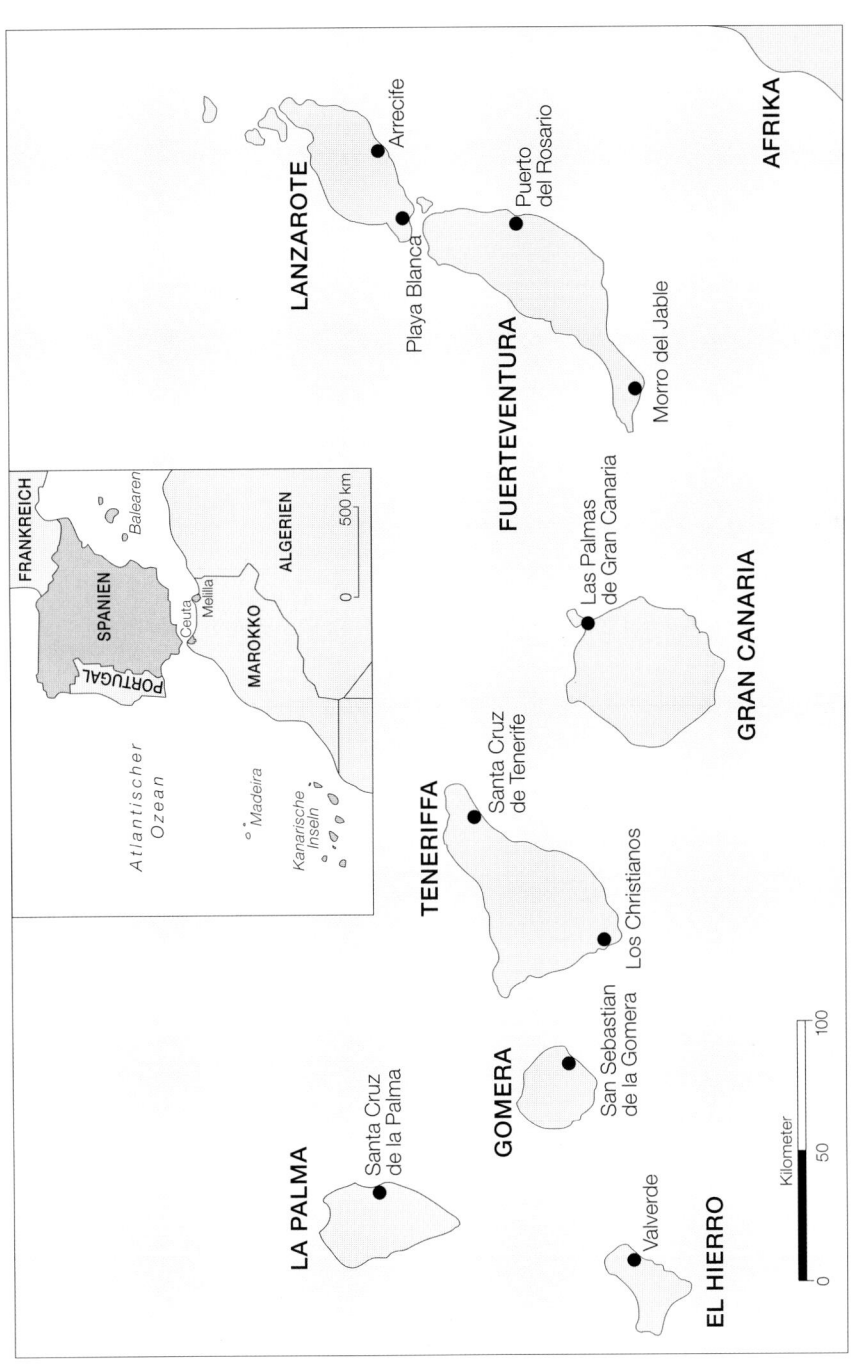

Gran Canaria, Fuerteventura, Lanzarote und der Provinzhauptstadt Las Palmas de Gran Canaria.
Wenn auch das landschaftliche Erscheinungsbild der 7 Inseln sehr unterschiedlich ist, man sieht Wüstenlandschaften im Wechsel mit ausgedehnten Waldgebieten, Felslandschaften mit schneebedeckter Spitze, Steilküsten und lange Sandstrände, so sind doch allen gemeinsam die vulkanische Entstehung, die Folgen der Erosion durch Wind und Wasser sowie die permanente Einwirkung der Meeresbrandung. Gerade der Vulkanismus und die Brandungseinwirkung haben Unterwasser-Formationen geschaffen, die ihresgleichen suchen. Der Fischreichtum ist zwar nicht mit dem Roten Meer oder den Malediven zu vergleichen, jedoch kommt der Taucher durch die phantastische Unterwasserlandschaft mit bizarren Riffen, Höhlensystemen, Überhängen und Steilwänden voll auf seine Kosten.

Geologische Entwicklung

Über die Entstehung der Kanarischen Inseln sind sich die Gelehrten nicht einig. Ihr Alter wird nach Analysen von Versteinerungen auf 20 Millionen Jahre geschätzt.
Eine Entstehungstheorie geht auf die Beschreibung Platons über die sagenumwobene Insel Atlantis zurück, die mitten im Atlantischen Ozean gelegen haben soll. Hiernach seien die Kanarischen Inseln ein Rest des untergegangenen Kontinents Atlantis.
Eine weitere Hypothese beschreibt einen einzigen großen Kontinent, der sich von Amerika bis Afrika erstreckt haben soll. Nach seinem Untergang sei die Inselgruppe der Kanaren übriggeblieben. Hierfür spricht sicherlich die Ähnlichkeit von Fauna und Flora zur damaligen Zeit zwischen Amerika und dem Gebiet der jetzigen Kanarischen Inseln bzw. dem spanischen und westafrikanischen Festland.
Mit großer Wahrscheinlichkeit jedoch sind die Kanarischen Inseln ausschließlich vulkanischen Ursprungs, sie sind niemals mit dem afrikanischen Festland verbunden gewesen. Die Caldera ist ein häufig vorkommender Vulkan-Typ, den man besonders schön auf La Palma und Teneriffa sieht. Die Vulkanspitzen sind dabei offenbar eingebrochen, so daß riesige Krater entstanden sind. Die sich ins Meer ergießende Lava hat für den Taucher zu interessanten Unterwasserstrukturen geführt, was man besonders gut an der Südspitze von La Palma beobachten kann.

Klimatische Verhältnisse

Viele Reisebuchautoren behaupten, das Klima auf den Kanarischen Inseln sei das beste der Welt. Nicht zu Unrecht werden sie auch die „Inseln des ewigen Frühlings" genannt.

Es gibt jedoch klimatische Unterschiede zwischen den westlichen (Teneriffa, La Gomera, La Palma und El Hierro) und den östlichen Inseln (Gran Canaria, Fuerteventura und Lanzarote). Schon durch die geographischen Besonderheiten der Landschaft mit bizarren Gebirgen und Schluchten sowie ausgedehnten Waldgebieten ist es auf Gomera, El Hierro und La Palma doch häufig unbeständig, es regnet mehr als auf den anderen Inseln, und die Sonne dringt nicht überall hin. In Schattenregionen ist es deutlich kühler. Auf den östlichen Inseln ist es dagegen beständiger, trockener und wärmer, in den Sommermonaten auch häufig zu warm.

	Temperatur in °C		Sonnentage	Regentage
	Luft	**Wasser**		
Januar	18,2	19,4	18	7
Februar	17,3	18,4	16	6
März	19,1	19,0	20	5
April	18,6	19,0	19	4
Mai	20,4	19,6	17	2
Juni	22,3	20,3	16	1
Juli	23,9	22,5	13	1
August	24,8	22,5	12	1
September	23,8	23,0	17	2
Oktober	23,5	23,0	18	6
November	21,0	22,0	17	10
Dezember	19,0	20,0	16	9
Jahresdurchschnitt	**21,0**	**20,7**	**16,7 (54,6 %)**	**4,5 (14,7%)**

Tabelle: Klimatische Verhältnisse auf den Kanarischen Inseln

Das doch relativ ausgeglichene subtropische Klima wird einerseits durch eine von Norden kommende, kühle Meeresströmung, den Kanarenstrom, und andererseits von zwei Windsystemen beeinflußt. Der Nordost-Passat weht permanent aus Richtung der Azoren. Er ist feucht und kühl und führt besonders auf den westlichen Inseln häufig zu Niederschlägen. Auf Teneriffa und Gran Canaria sieht man daher typische Wetterscheiden, die durch die hohen Gebirge hervorgerufen werden. Der aus der Sahara kommende Schirokko (Harmattan) ist ein warmer Wind, der zu Temperaturanstiegen um bis zu 40 Grad führen kann und Menschen, die unter Wetterfühligkeit leiden, erhebliche Probleme bereitet. Nach Aussagen der Einheimischen dauert er meist 1–5 Tage. Die stärksten Auswirkungen dieses Windes finden sich auf Fuerteventura und Gran Canaria, wo er drei- bis viermal jährlich große Sandmengen abliefert.

Die durchschnittlichen Niederschlagsmengen im Jahr betragen:

La Palma	586 mm
El Hierro	426 mm
Teneriffa	420 mm
La Gomera	410 mm
Gran Canaria	325 mm
Fuerteventura	147 mm
Lanzarote	135 mm

Diese Niederschläge entsprechen etwa 1/3 der in unseren Breiten üblichen Regenmenge.
Schnee fällt auf den Kanarischen Inseln nur auf dem Teide, den man von November bis April mit einem schneebedeckten Gipfel sieht.

Fauna und Flora

Die Tierwelt ist nicht so vielseitig, wie man es zumindest in den waldreichen Gebieten der westlichen Inseln vermuten würde. Da es keine jagdbaren Säugetiere auf den Inseln gab, wurden schon von den ersten spanischen Eroberern Wildkaninchen zu Jagdzwecken ausgesetzt. Sie sind etwas kleiner als bei uns und kommen in großer Zahl auf allen Inseln vor. Die Inseljagdverbände vergeben im Spätsommer und Herbst an bestimmten Tagen Jagdlizenzen. Zu diesen Zeiten sind auf den Inseln bis zu 14.000 Jäger unterwegs. Die Jagd wird mit Hundemeuten ausgeführt. Zum Teil werden die Kaninchen von den Hunden gefangen, zum Teil von den Jägern geschossen. Die überall auf der Speisekarte stehenden „conejos" (Kaninchen) sind allerdings meistens Zuchtkaninchen.

1971 wurden in den Cañadas auf Teneriffa Mufflons ausgesetzt, die sich bei den steinigen Bodenverhältnissen trotz des spärlichen Nahrungsangebotes vermehrt haben.

Eher unbeabsichtigt sind die Streifenhörnchen nach Fuerteventura gelangt, nachdem sie von den im damals noch spanischen Marokko arbeitenden Kanariern mitgebracht worden waren. Auf den anderen Inseln gibt es keine Streifenhörnchen. Bei den Geckos handelt es sich um Eidechsenarten, die in drei Formen anzutreffen sind. Der Mauergecko („prenquen") ist nachtaktiv. Die Körperform ist plump mit einem ausgeprägten, großen Kopf. Man sieht sie nachts an Mauern oder Hauswänden. Die Ruineneidechse („legartija") hat einen kleinen Kopf und ist im Ganzen zierlicher als der Mauergecko. Man sieht sie tagsüber im Gebüsch oder auch im Lavagestein in Strandnähe. Die Perleidechse („legarto") erreicht die doppelte Größe wie die Ruineneidechse. Man sieht sie tagsüber in Gebüschen, sie ist allerdings seltener als die anderen Arten.

Die Geckos sind auch in häuslichen Bereichen bei den Einheimischen sehr beliebt, da sie gute Insektenvernichter sind, gefährlich sind sie nicht.

Die Vögel stellen die artenreichste Ordnung der Wirbeltiere dar. Auf allen Inseln gibt es Amseln als Kulturbegleiter, Blaumeisen und Buchfinken. Der aus unseren Wohnungen bekannte Kanarienvogel ist allerdings ein Zuchtvogel, der von dem Kanarengirlitz („pajaro canario") abstammt. Neben weiteren Singvogelarten ist der Kanarenpieper zu erwähnen, den man als Laubbaumbewohner gelegentlich über Waldwege laufen sieht.

An Greifvögeln kommen Turmfalken, Bussarde, Schleier- und Waldohreule sowie in waldreichen Gebieten auch die Gabelweihe und in Küstenregionen der Fischadler vor.

Die Bauern halten Schweine, Ziegen und Rinder, wobei Ziegen und Rinder häufig frei herumlaufen. Die Milch wird gemischt oder auch als Ziegenmilch allein zu äußerst schmackhaften Käsesorten verarbeitet, die als weißer, weicher Frischkäse oder als fester Schnittkäse angeboten werden. Kein Wunder, daß die Kanaren die größten Käsekonsumenten ganz Spaniens sind.

Die Pflanzenwelt der Kanarischen Inseln ist ungleich vielseitiger als die Tierwelt. Die insgesamt 1254 verschiedenen einheimischen Pflanzenarten erstrecken sich von afrikanischen Wüstengewächsen bis zu den immergrünen Lorbeerwäldern auf Teneriffa, La Gomera und Gran Canaria. 680 Arten sollen zusätzlich eingeführt worden sein.

Der Repräsentant der antiken Flora ist der Drachenbaum („drago"), wovon man in Icod de los vinos und in La Laguna auf Teneriffa besonders schöne Exemplare antrifft. Es gibt Altersschätzungen in abenteuerlichen Höhen, tatsächlich soll der Baum in Icod 365 Jahre alt sein, die Spezies Drachenbaum ist dagegen sehr viel älter. Er gehört zu den Liliengewächsen, verholzt nur unvollständig und hat keine Jahresringe.

Die widerstandsfähige kanarische Pinie sieht man in ausgedehnten Wäldern auf den westlichen Inseln und auf Gran Canaria in Höhenlagen von 800 bis 2000 m. Eukalyptusbäume kommen auf den westlichen Inseln zahlreich vor. Oft säumen sie die Straßen und verbreiten einen typischen würzigen Duft, selbst wenn man vertrocknete Blätter zwischen den Fingerspitzen zerreibt. Einheimische verwenden die Blätter auch zum Würzen von Speisen.

Lorbeerbäume sieht man in großen Waldbeständen vor allem im Nordosten von Teneriffa und auf La Gomera in Höhenlagen von 800 bis 1500 m. Der Baum ist immergrün und verlangt viel Wasser, was durch den Einfluß des Nordost-Passats auch garantiert ist.

Als typischste subtropische Pflanze kommen Palmen auf allen Inseln vor, schönste Formationen finden sich auf La Gomera. Der Baum erreicht beachtliche Höhen und wird bis zu 60 Jahre alt. Nach acht bis zehn Jahren trägt er Früchte, die Datteln, was aber nur in geringem Maße wirtschaftlich genutzt wird. Andere Palmenarten sind meist eingeführt und auf künstliche Bewässerung angewiesen.

Der Mimosenbaum („majorera") ist ein anspruchsloser Strauch oder Baum, der überall auf den Inseln vorkommt. Er hat immergrüne, lanzenförmige Blätter und leuchtend gelbe Blüten. Das Holz ist hart, die Pflanze sehr widerstandsfähig, besonders gegenüber Trockenperioden.

Vielerorts wird das Landschaftsbild durch Kakteen, Opuntien und zahlreiche Agavenarten geprägt. Die häufigste Form ist die Opuntie, die im 16. Jahrhundert aus Amerika eingeführt wurde. Der Feigenkaktus trägt eßbare Früchte (Vorsicht: eine Abart hat ungenießbare Früchte. Diese haben eine glänzende Oberfläche wie Leder und eine dunkelrote Farbe, der Saft ist violett-rot!). Die eßbaren Früchte haben eine rot-gelbe Farbe und heißen bei den Einheimischen „hijos picos". Beim Essen ist Vorsicht geboten, denn sie haben feine Stacheln, die an den Fingern und in den Mundschleimhäuten erheblich stören können. Zum Essen spießt man sie wie eine Pellkartoffel mit einer Gabel auf, dann wird die ca. 3 mm dicke Schale regelrecht abgepellt, um den Rest genießen zu können. Man ist zwar gezwungen, eine Menge Kerne mitzuessen, trotzdem ist die Frucht sehr schmackhaft.

Auf der Insel Lanzarote wird auf diesem Feigenkaktus die Cochenilleschildlaus gezüchtet, die einen begehrten pupurroten Farbstoff liefert, der schon zur Zeit der Eroberungen eine große Rolle gespielt hat.

Die Agaven produzieren nach einer Lebenszeit von 6 bis 7 Jahren 6 bis 8 m hohe, verholzende Blütenstände, danach stirbt die Pflanze ab. Ähnlich wie die Opuntien werden sie auch als Viehfutter verwendet.

Euphorbien oder Wolfsmilchgewächse sind das dritte landschaftsprägende, kakteenähnliche Gewächs, das gegenüber Trockenheit sehr resistent ist. Verletzt man die Pflanze, so tritt ein weißer Saft (Wolfsmilch) aus, der eine stark ätzende Wirkung auf Schleimhäute hat.

Auf Teneriffa, La Palma, La Gomera, El Hierro und Gran Canaria werden Bananen („platanos") in Monokultur angebaut. Sie wachsen an Sträuchern, die Höhen von 2,50 bis 4 m erreichen können. Das Wachstum ist von der Jahreszeit unabhängig, so daß das ganze Jahr über geerntet werden kann. Die Reifezeit der Frucht beträgt 6 Monate. Nach der Ernte der 40 bis 50 kg schweren Staude wird die ganze Pflanze knapp über dem Boden abgeschnitten, so daß aus dem Stumpf eine oder mehrere Jungpflanzen entstehen können, die wiederum bis zur Reife 14 Monate benötigen. Die kanarischen Bananen sind kleiner als südamerikanische, wir halten sie jedoch für schmackhafter und aromatischer. Der Export erfolgt per Schiff zu den östlichen Inseln und auch nach Europa.

Teneriffa und Gran Canaria sind inzwischen wichtige Tomatenproduzenten für den europäischen Markt geworden. Die exportierten Tomaten stammen allerdings nicht mehr von den kleineren Bauern, die ihre Felder mit Brackwasser bewässern, sondern aus riesigen, windgeschützten Kulturen.

Als weitere Nutzfrüchte werden Zitronen, Apfelsinen, Papayas und Avocados angebaut. Die Zitronen haben das ganze Jahr über reife Früchte, Apfelsinen nur in der Zeit von Oktober bis Januar.

Die tropischen Klimaeinflüsse machen sich im üppigen Pflanzenangebot der Inseln bemerkbar. Bananen, Sonnenblumen und Strelitzien werden erfolgreich angebaut.

Feigen kann man von August bis September selbst von den wild wachsenden Feigenbäumen ernten. Von kleinen Flächen werden zum Teil ganzjährig Weintrauben, Datteln, Zwiebeln, Kartoffeln und besondere Arten Süßkartoffeln, Knoblauch, Erbsen, Bohnen, Linsen, Zuckerrohr und Südfrüchte geerntet.

Im Südosten der Insel La Palma wird Tabak angebaut, den kanarische Auswanderer bei ihrer Rückkehr aus Kuba mitgebracht haben. Die Pflanzen gedeihen in einer gewissen Höhenlage recht gut. Der Tabak wird zu den berühmten kanarischen Zigarren verarbeitet, wenn auch die Tabaksorte für das Deckblatt aus Havanna eingeführt werden muß.

Verkehrsverbindungen auf den Kanarischen Inseln

Die Anreise zu den Kanarischen Inseln erfolgt meist mit dem Flugzeug nach Buchung einer Reise im heimischen Reisebüro. Heute gibt es kaum eine Reisegesellschaft, die die Kanarischen Inseln nicht anbietet. Bei den speziellen Tauchreiseveranstaltern sind die Kanarischen Inseln aus unerklärlichen Gründen weniger im Programm, obgleich zumindest die deutschen Tauchbasisinhaber durch Anzeigen rege Werbung in unseren Tauchsportzeitschriften betreiben. Auch auf der „boot" in Düsseldorf sind sie regelmäßig mit Informationsständen vertreten. Als Alternative zu einer gebuchten „Komplettreise" gibt es die selbst organisierte Reise nach Kontaktaufnahme mit einer Tauchbasis. Man muß sich dann lediglich um den Flug kümmern (Kosten von 400 DM als „last minute"-Flug bis 850 DM in der Hauptsaison); denn die Vermittlung eines Hotels oder einer Wohnung übernimmt häufig der Basisinhaber. Eine weitere Alternative wäre die Anreise mit dem Schiff von Cadiz zu den Kanarischen Inseln. Dies gilt aber nur für die Touristen, die ihr Auto mitnehmen wollen und gleichzeitig über lange Urlaubszeiten verfügen können.

Auf den Inseln bewegt man sich mit öffentlichen Verkehrsmitteln (Bus), im Taxi oder mit dem Leihwagen fort. Auf Teneriffa, Gran Canaria, Fuerteventura und Lanzarote gibt es im Omnibusverkehr gut ausgebaute Netze, oft verkehrt ein Schnellbus vom Flughafen direkt zu den Touristenzentren zu ungleich günstigeren Preisen als bei der Taxifahrt (Beispiel: Der Transfer vom Flughafen Teneriffa-Süd nach Puerto de la Cruz kostet mit dem Schnellbus 15 DM, mit dem Taxi mehr als 100 DM). Die Taxifahrer haben häufig feststehende Preise, die aus einer mitgeführten Liste zu ersehen sind. Bei langen Fahrten sollte der Fahrpreis mit dem Fahrer ausgehandelt werden, wenn auch als Orientierung ein Einheitstarif von 45 Pts/km zuzüglich einer Grundgebühr von 225 Pts besteht.

Das Leihwagenangebot reicht überall auf den Kanarischen Inseln vom Kleinwagen über Allradfahrzeuge bis zu Kleinbussen, entsprechend unterschiedlich sind auch die Preise. Wir haben zuletzt für einen neuen Opel Corsa auf Teneriffa bei 14 Tagen Mietzeit umgerechnet ca. 34 DM pro Tag bezahlt. Hierbei konnten wir das Fahrzeug am Flughafen in Empfang nehmen und mußten es dort bei der Abreise auch wieder abliefern („Flughafendienst"). Entscheidet man sich für die doch ratsame Insassen- und Vollkaskoversicherung, so muß man noch 9 bis 10 DM pro Tag hinzurechnen. Handeln lohnt sich auf jeden Fall.

Für Autofahrer ist zu beachten:

In Spanien ist es verboten, unter Einfluß von giftigen Drogen, Rauschgift oder anderen Substanzen einschließlich solcher Medikamente, die den physischen oder psychischen Normalzustand beeinflussen können, zu fahren.

Das Anlegen von Sicherheitsgurten ist Vorschrift für sämtliche Insassen bei Personenkraftwagen.

Höchstzulässige Blutalkoholkonzentrationen sind allgemein 0,8 Promille, bei Gütertransporten bis zu einem zulässigen Gesamtgewicht von 3.500 kg 0,5 Promille und bei öffentlichen Transporten 0,3 Promille.

Wenn nicht anders gekennzeichnet, bestehen Geschwindigkeitsbegrenzungen auf Autobahnen bis 120 km/h, auf Schnellstraßen bis 100 km/h, auf sonstigen Straßen bis 90 km/h, im Stadtverkehr bis 50 km/h und in gekennzeichneten Wohngebieten bis 20 km/h.

Kommt es zu Strafen oder Strafverfahren, so ist der Verkehrssünder, der keinen ständigen Wohnsitz in Spanien nachweisen kann, verpflichtet, den Strafbetrag bei Ausstellung der Anzeige zu hinterlegen oder dessen Zahlung durch ein nach spanischem Recht zugelassenes Mittel zu garantieren (z. B. Bürgschaft eines spanischen Staatsbürgers). Falls die Strafe nicht sofort bezahlt oder deren Bezahlung garantiert wird, erfolgt die Beschlagnahmung des Fahrzeugs.

Wer das „Inselhüpfen" vielleicht von den Malediven gewohnt ist, muß hier umdenken. Während eines Urlaubs gelingt es vielleicht, eine Nachbarinsel zu besuchen, weil die Entfernungen und die Inseln selbst einfach zu groß sind. Wer im Süden Teneriffas taucht, kann ohne große Probleme an einem Tag La Gomera besuchen und dort bei Jean-Paul Waczack in San Sebastian tauchen, ähnlich kurze Verbindungen gibt es von Corralejos auf Fuerteventura (Tauchbasis von Miguel Abella) nach Lanzarote zur Playa Blanca (Tauchbasis Las Toninas im Playa Flamingo Hotel). Die Verkehrsverbindungen zwischen den einzelnen Inseln sind durch Flugzeug, Autofähren oder schnelle Personenfähren gegeben.

Schnelle Personenfähren

Schnelle Personenfähren (Jetfoil) verkehren täglich zwischen St. Cruz de Tenerife und Las Palmas, Gran Canaria, mehrmals wöchentlich auch zwischen Las Palmas, Gran Canaria und Morro del Jable, Fuerteventura. Fahrzeit Teneriffa/Gran Canaria 80 min, Preis ca. 10.000 Pts für Hin- und Rückfahrt. Tel. Auskunft: Trasmediterranea, Tel. (922) 243011. Das Hydrofoil zwischen La Gomera und Los Christianos, Teneriffa, braucht für eine Fahrt 30 min und kostet ca. 5.000 Pts für die Hin- und Rückfahrt. Auskunft: Ferry Gomera, Tel. (922) 790556.

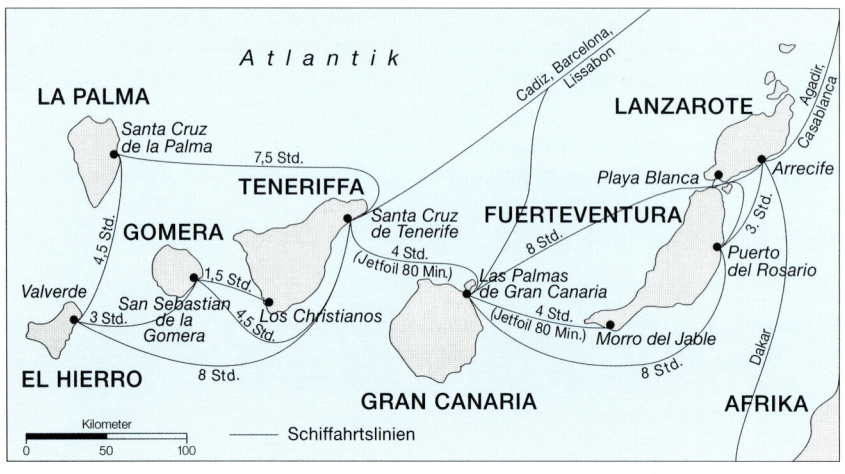

Fährverbindungen zwischen den Inseln.

Autofähren

Wie auch aus der Abbildung hervorgeht, sind alle Inseln mit Fährschiffen zu erreichen. Die Überfahrt zum spanischen Festland dauert 64 Stunden und kostet für
einen Kleinwagen mit zwei Insassen ca. 50.000 Pts für die Hin- und Rückfahrt.
Erwähnenswert sind zwei kurze Fährverbindungen zwischen Los Christianos,
Teneriffa und San Sebastian, La Gomera sowie zwischen Corralejo, Fuerteventura
und Playa Blanca auf Lanzarote. Diese Ausflüge lassen sich an einem Tag bewerkstelligen und sind auch von den Kosten her akzeptabel. Auskunft über diese Fahrten kann man auch schon in den Reisebüros der Touristenzentren bekommen, in
Deutschland kann das Deutsche Reisebüro (DER) GmbH (Emil von Behring-Str.
6, 60439 Frankfurt, Tel. 069-95881772) Auskunft über Fährverbindungen und
Preise geben.

La Gomera ist die einzige Insel, die keinen Flughafen hat. Auf Teneriffa gibt es in
der Nähe von St. Cruz de Tenerife den Flughafen Los Rodeos (Tel. 922-257745),
von dem aus nur Flugverbindungen zu den anderen Inseln bestehen, und den Flughafen Sofia Reina (Königin Sofia), über den alle internationalen Flugverbindungen abgewickelt werden (Tel. 922-771375). Über Inlandflüge erteilt die zentrale
Information Iberia Auskunft (Tel. 922-241510).

Inlandflüge sind preislich erschwinglich: Der Hin- und Rückflug Teneriffa – Gran
Canaria kostet beispielsweise ca. 60 DM.

*Die Märkte der Kanaren bieten Früchte, Gemüse und Gewürze im Überfluß.
Eine Spezialität der kanarischen Küche sind „Runzelkartoffeln" (papas
arrugadas) mit der grünen milden oder der roten scharfen „Mojo"-Soße.*

Essen und Trinken

Wir hoffen, Sie werden während Ihres Aufenthaltes auf den Kanarischen Inseln Gelegenheit haben, der gepflegten internationalen Hotelküche zu entweichen, um in einem kleinen Restaurant die typische und hervorragend schmackhafte kanarische Küche kennenzulernen.

Die Kanaren frühstücken sehr bescheiden, zu Mittag essen sie nicht vor 14 Uhr, zu Abend nicht vor 20 Uhr. Zum Speisen geht man in ein Restaurant, die typische kanarische Kost gibt es in den meist abgelegenen Lokalen, die „Bars", „Fondas" oder „Tascas" genannt werden.

Wenn die „tappas" auch nicht typisch kanarischer Herkunft sind, so verdienen sie doch, hier erwähnt zu werden; denn sie werden in allen Bars, Bodegas und Restaurants angeboten. „Tappas" sind kleine Mahlzeiten, die als Appetithappen oder auch als Vorspeise gereicht werden. Sie sind außerordentlich vielseitig, bestehen aus verschiedenartig eingelegten Oliven, Sardinen in Knoblauch, Salaten von Meeresfrüchten („mariscos"), verschiedenen Muscheln, Kichererbsen („garbanzos"), Käsesorten, Schinken und nicht zu vergessen „tortilla", den berühmten spanischen Kartoffelkuchen mit Ei, die kalt oder warm gegessen werden.

Fisch und Kartoffeln stehen in der alten kanarischen Küche im Mittelpunkt. Der Fisch wird gegrillt, gebraten oder gekocht. „Merluza" (Seehecht), „mero" (Barsch), „caballa" (Makrele) sowie verschiedene Sardinen einschließlich „chiacarro" (noch kleiner als Sardinen) gehören zur Volksnahrung, der „sama" (Seebrasse), „vieja" (Papageienfisch) und „lenguado" (Seezunge) sind Edelfische, sehr schmackhaft und sehr teuer. „Sancocho" ist ein typisches Gericht aus Trockenfisch, das zusammen mit Süßkartoffeln („patatas"), Zwiebeln und Knoblauch gegart wird. Sehr beliebt sind auch verschiedene Garnelenarten. „Chocos" (Sepia officinalis), der „pulpo" (Octopus vulgaris), der „calmar" und der Bärenkrebs werden äußerst schmackhaft zubereitet. Langusten werden dagegen seltener angeboten. „Lappas" (Napfschnecken) und „burgados" (Kreiselschnecken) werden meist in Öl in der Pfanne mit Knoblauch erhitzt, „mejillones" (Miesmuscheln) gibt es in einem würzigen und schmackhaften Sud.

Der „puchero" ist der typische kanarische Eintopf aus Rindfleisch, Schweinefleisch und frischen Gemüsen.

Als Anreiz zum Selbermachen:
Rezept (für 4 Personen)
150 g Kichererbsen (am einfachsten aus der Konserve oder tags zuvor in Wasser einweichen), 1 Maiskolben, 1 große Gemüsezwiebel, 5 gehackte Knoblauchzehen, 1 Eßlöffel Olivenöl, 1 Prise Safran und Safranfäden, 500 g Schweinefleisch, 500 g Rindfleisch zusammen in 2 l Wasser aufsetzen. Nach 45 min Kochzeit 500 g grüne Bohnen, 1 gevierteltem Weißkohl (ca. 500 g), 2 in Stücke geschnittene Mohrrüben, 1 in Stücke geschnittene, geschälte Süßkartoffel („patata") und 500 g

normale Kartoffeln hinzufügen, eventuell Wasser nachgießen und weitere 30 min kochen lassen. Dann 250 g Kürbis, 2 geviertelte Birnen, 1 Burbango oder Zucchini dazugeben und weitere 90 min garen lassen. Mit Salz und schwarzem Pfeffer aus der Mühle abschmecken. Mit einem Teil der Brühe kann man „gofio", ein Mehl aus geröstetem Mais oder anderem Getreide, zu einer Paste kneten, die dazu gegessen wird.

„Mojo" (typische kanarische Soße) ist das Wahrzeichen der kanarischen Küche. Eine sehr scharfe Variante der roten Mojo-Soße wird „mojo-picon" genannt.

Rezept:

3 Zehen Knoblauch, 1/2 Teelöffel Kümmel, 1 Teelöffel gemahlenen Pfeffer und 1 getrocknete, scharfe rote Paprikaschote mischen und mit dem Handmixer fein zer-kleinern und in einer Tasse Olivenöl aufmischen. Salz hinzufügen, vielleicht etwas Essig und mit 1/4 Tasse Wasser verquirlen.

Bei der grünen Variante wird die scharfe rote Paprikaschote durch sehr viel klein-gehackte Petersilie, besser noch frischen grünen Koriander ersetzt, der ein ganz charakteristisches Aroma entwickelt.

Diese berühmt gewordenen Soßen werden vorwiegend zu den ebenso berühmten „papas arrugadas" (Runzelkartoffeln) serviert. Hierbei handelt es sich um ein altes kanarisches Alle-Tage-Essen, wobei die ungeschälten Kartoffeln in Meerwasser so lange auf dem Feuer blieben, bis das Wasser verkocht war. Die Kartoffeln wur-den dann runzelig und bekamen einen kristallig glänzenden Überzug von dem zurückgebliebenen Salz.

Rezept:

2 kg kleine bis mittelgroße Kartoffeln mit Wasser bedecken und unter Zugabe von 4–5 Händen (!) voll Salz gar kochen lassen. Es wäre wünschenswert, wenn das Wasser bei offenem Topf zum großen Teil verkochen würde, andernfalls Wasser abgießen, die Kartoffeln nochmals erhitzen, damit sie trocken werden und servie-ren. Papas arrugadas werden mit Schale gegessen!

Tauchen auf den Kanarischen Inseln

Auf allen sieben Inseln ist das Tauchen möglich, wenn auch die vorhandenen Tauchbasen sehr unterschiedlich ausgestattet sind und je nach geographischer Lage auf der entsprechenden Insel auch ganz unterschiedliche Unterwassergege-benheiten zeigen. Wie aus der Übersicht zu ersehen ist, findet man die Tauchba-sen – mit einer einzigen Ausnahme – jeweils im Süden der Inseln, weil man dort infolge des fehlenden Nordost-Passates ruhigere Wasserverhältnisse mit weniger Dünung und weniger Strömung erwarten kann.

Die geographische Lage der einzelnen Tauchbasen geht aus den Abhandlungen der jeweiligen Inseln hervor.

Immer wieder faszinierend ist das fluoreszierende Farbenspiel der Sepien und Kalmare.
Putzstation für Muränengebisse: Eifrig reinigen Garnelen Maul und Kiemenspalten der „Kundschaft".

Seepferdchen und stachelige Steckmuscheln bedürfen einer guten
Beobachtungsgabe, um nicht übersehen zu werden.
Plakativ wirken dagegen Drachenschnecke (Roboastra europaea) und
Madeira-Nacktschnecke (Plocamophorus madeirae).

Tauchausbildung

Wir haben insgesamt 33 Tauchbasen besucht und dabei ausführliche Detailbeschreibungen von den Basisleitern erhalten. In den meisten Fällen konnten wir durch eigene Tauchgänge und Befragung der tauchenden Gäste diese Informationen bestätigen.

Fast auf allen Tauchbasen ist die Anfängerausbildung bis zu der CMAS***-Stufe möglich, die professionellen Verbände bieten auch die Ausbildung zum Assistenten oder Tauchlehrer an. Auf den Kanaren sind zahlreiche Tauchsportverbände vertreten, die jeweils bei der Beschreibung der einzelnen Tauchbasen genannt werden. Den unbefangenen Taucher mag dieses zunächst verwirren, deshalb soll er sich unbedingt auf die allgemein anerkannte „Äquivalenzliste" berufen, nach der er beim Wechsel zu einem anderen Verband nicht unbedingt die Anfangsstufen des neuen Verbandes (das ist mit erheblichen Kosten verbunden!) wiederholen muß, sondern er kann auf seiner alten Ausbildungsstufe aufbauen.

Beispiel: Ein PADI-Open-Water-Taucher kann dann auf einer VDST-, VIT-, FST-, Barakuda-, VETL- und anderen Ausbildungsbasen das CMAS**-Brevet absolvieren, sofern er die noch fehlenden Bedingungen (Zusatztauchgänge) nachholt.

Dem Weltverband CMAS (confédération mondiale des activités subaquatiques) gehören folgende nationale Verbände an: VDST und damit auch Barakuda, VIT, FST, IDA und VETL, der französische Verband FFESSM, der spanische Verband FEDAS, der englische Verband BSAC und hierüber auch zum Teil die DIWA, der österreichische (TSVÖ) und der schweizerische Verband (SUSV). Alle weiteren europäischen Länder sind über ihren jeweiligen nationalen Tauchsportverband ebenfalls der CMAS angeschlossen.

Formalitäten

Die rechtliche Seite des Sporttauchens ist auf den Kanarischen Inseln immer noch nicht klar definiert, weil offenbar Kompetenzschwierigkeiten zwischen der Guardia civil und der Marine bestehen. Plant jemand auf den Kanarischen Inseln frei zu tauchen, d. h. ohne Anschluß an eine Tauchbasis, so raten wir ihm dringend, mit der FEDAS Kontakt aufzunehmen, um jeweils die gültigen Bestimmungen zu erfahren. Denn auch das Tauchen über die Mitgliedschaft in einem FEDAS-Tauchsportverein ist möglich.

Früher waren die Tauchbasen und sämtliche wassersportlichen Aktivitäten der Marine unterstellt, so daß der Basisleiter für den Taucher ein aufwendiges Meldeverfahren mit Kopie des Reisepasses und Paßbild durchzuführen hatte. Heute sind lediglich der Nachweis der Leistungsstufe (Taucherpaß und Logbuch) und der Nachweis einer ärztlichen Tauchtauglichkeitsuntersuchung erforderlich. Viele Basen verlangen, daß diese Untersuchung nicht älter als 1 Jahr sein soll, obgleich unsere Bestimmungen bei Tauchern bis zu 40 Jahren 2 Jahre erlauben. Die Tauchtauglichkeitsuntersuchung sollte am besten schon im Heimatland durchgeführt werden, da sie dort meist qualitativ besser und auch kostengünstiger ist.

Unterwasserwelt
Flora und Fauna der Unterwasserwelt sind natürlich nicht mit dem Roten Meer
oder den Malediven zu vergleichen. Durch Eruptionen und Lavaströme sind Riffe
und Grotten entstanden, besonders bei den südwestlichen Inseln Gran Canaria,
Teneriffa, La Gomera, La Palma und El Hierro, die ganz sicher vulkanischen
Ursprungs sind. Wie aus der Meerestiefen-Übersicht zu ersehen ist, fällt die Mee-
restiefe schon nahe der Küste steil ab bis auf einige 1000 m. Auch gibt es Vulkan-
erhebungen, die die Meeresoberfläche gar nicht erreichen. Der vulkanische
Ursprung der Inseln erklärt die bizarren Unterwasserstrukturen.
Überall findet man noch intakte subtropische Lebensräume, denn die Tauchplätze
sind doch nicht so stark von Tauchern frequentiert wie man das vom modernen
Tauchreise-Tourismus anderer tropischer oder subtropischer Reiseziele gewohnt
ist. Die Felsen sind bewachsen mit Algen, Schwämmen, Weichkorallen und der
für die Kanaren typischen schwarzen Koralle, die man allerdings nur in größeren
Wassertiefen antrifft. Um La Palma sieht man sie besonders häufig und dort auch
in flacheren Wassertiefen. Um Teneriffa gibt es Felder von gelben Hornkorallen,
die von größeren Seegraswiesen abgelöst werden. Fast überall sieht man Haar-
und Federsterne, Zylinderrosen und Anemonen, in den Felsspalten Putzergarnelen und Gespensterkrabben. Zahlreiche Arten von Weichtieren wie Muscheln,
Schnecken und Kraken sowie Stachelhäuter (Seesterne und Seeigel) erblickt man
besonders dann beim Tauchgang, wenn einmal kein „Großfischerlebnis" vorhanden ist.
Schildkröten haben wir trotz zahlreicher Tauchgänge auf den Kanaren über einen
Zeitraum von 10 Jahren nicht gesehen. Die Lederschildkröte soll häufiger in kanarischen Gewässern vorkommen, kürzlich ist eine Eiablage auf Fuerteventura
beschrieben worden. Die unechte Karettschildkröte ist die am häufigsten vorkommende Art, die echte Karettschildkröte, die Suppenschildkröte und die
Bastardschildkröte kommen sehr selten vor.
In den letzten Jahren ist das „whale-watching" oder die „Walsafari" eine besondere Attraktion geworden, die besonders von Heinz Scheffler vom Barakuda
Tauch- und Surf Club, Playa Paraiso, in Teneriffa angeboten wurde (Tel. 0034-22-
740726/50). Mit etwas Glück – wir haben das selbst erlebt – kann man die Wale
auch auf der Überfahrt von Teneriffa nach Gomera von der Fähre aus beobachten.
Das Fotografieren der Tiere ist allerdings sehr schwierig; denn man darf laut
Sicherheitsbestimmungen der FEDAS nicht mit Drucklufttauchgerät, sondern nur
mit ABC-Ausrüstung ins Wasser. Grund dafür ist wohl die Wassertiefe von
500–1000 m. Kommerzielle Bootsausfahrten zu den Walen sind inzwischen verboten.
Zur Zeit laufen einige Forschungsprojekte bezüglich dieser Meeressäugetiere, 19
Walarten sind bis jetzt auf dem Archipel beschrieben worden, einige wurden
jedoch nur durch Strandungen bekannt. Der Cuvier-Schnabelwal *(Ziphius caviro-
stris)* wird 5,5–6,5 m lang und wird häufig gestrandet gefunden. Den Pottwal

Engelshaie (Squatinidae) und unterschiedlichste Rochenarten sind bei Tauchgängen relativ häufig anzutreffen.

Oben links: Roter Riffhummer (Euoplometopus antillensis).
Oben rechts: Violette Fadenschnecke (Flavelina affinis). Unten: Buckelgarnele
(Thoramboinensis) in einer Keulenanemone (Telmatactis cricoides).

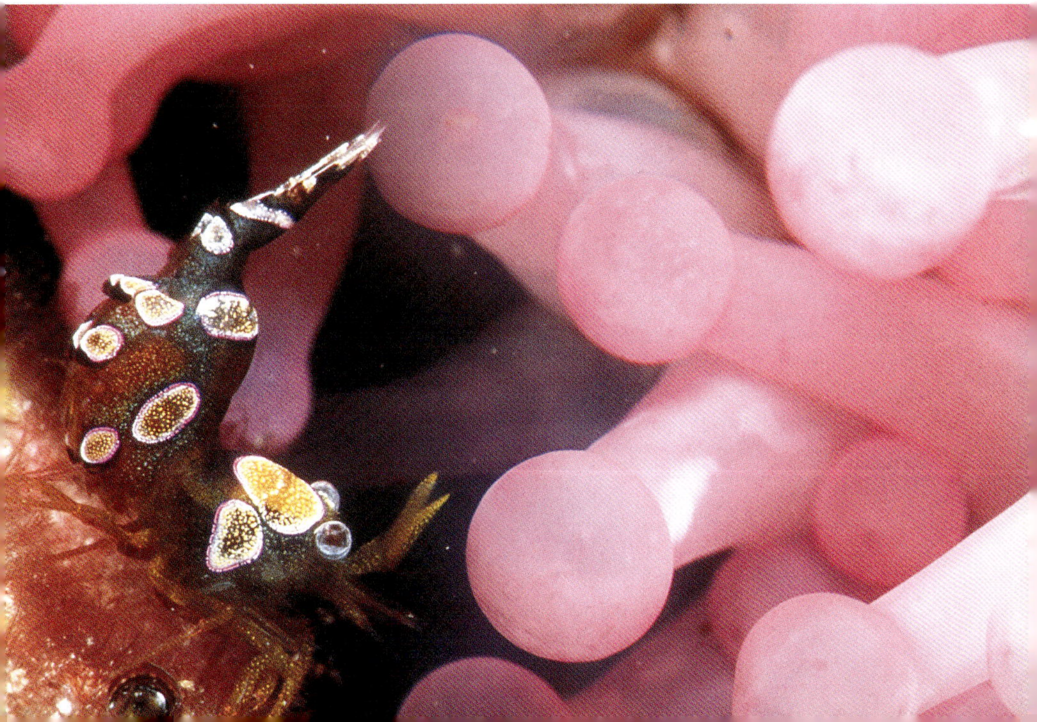

(Physeter macrocephalus) sieht man gelegentlich vom Schiff aus zwischen den Inseln. Die Männchen erreichen eine Länge von 15–18 m und ein Gewicht von bis zu 50 Tonnen. 1993 kam es zu einer Kollision eines solchen Tieres mit einem Tragflügelboot (Jetfoil) zwischen Teneriffa und Gran Canaria mit mehreren Verletzten. Die für den Schnorcheltaucher wichtigste Art ist der Indische Grindwal *(Globicephala macrorhynchus),* der konstant in einer mächtigen Kolonie vor der Küste von Los Christianos zwischen Teneriffa und Gomera lebt, es soll eine der wichtigsten Kolonien der Welt sein. Der Grindwal wird 4,5 m lang und erreicht ein Gewicht von 3000 kg. Der Delphin (Delphinus delphis) kommt überall auf den Kanaren vor, ebenso der große Tümmler (Tursiops truncatus), der 2,5–3 m lang wird und oftmals auf hoher See oder auch in Küstennähe die Schiffe begleitet.

Auf den Kanarischen Inseln gibt es 553 verschiedene Fischarten, von denen der Leser nur einige in den Abbildungen dieses Buches wiederfinden wird. Bezüglich der Nomenklatur und der Systematik empfehlen wir hier dem Interessierten den „Unterwasserführer Madeira, Kanaren, Azoren" von Prof. Peter Wirtz, Naglschmid Verlag, Stuttgart 1994, der vorwiegend die deutschen Namen der Fische zitiert. Ein weiteres Werk ist der 1991 erschienene „Catálogo de los peces de las Islas Canarias" von Alberto Brito, Editor Francisco Lemus, La Laguna. Bei Allgemeininteresse haben wir die spanischen Namen in Klammern hinzugefügt. Von den 553 Fischarten sind 60 Arten Knorpelfische, wozu die Haie und Rochen gehören, die übrigen 493 Arten sind Knochenfische.

Das Haierlebnis gehört für den Taucher zu den Seltenheiten. Meist sieht man sie nur in den Netzen der Fischer oder sie werden geangelt (Hochseeangelei wird in fast jedem Touristikzentrum angeboten!). Eine Ausnahme bildet der Meerengel, den wir häufig am sogenannten Muränenriff auf Fuerteventura beobachten konnten. Meistens vergraben sie sich im Sand, und man sieht nur die freiliegenden Kiemenöffnungen. Die häufigsten Arten sind der Blauhai und der Hammerhai, die 4 m Länge erreichen und oft auch an der Oberfläche in Küstennähe schwimmend gesehen werden, während die Dornhaie wesentlich kleiner sind und auf dem Meeresboden vorkommen.

Die sogenannten echten Rochen vermehren sich durch Eiablage, sie sind auf den Kanaren selten. Alle anderen Rochenarten sind lebendgebärend. Der größte ist der Teufelsrochen, auch Manta genannt, der eine Spannweite von 7 m erreichen kann. Er wird allerdings nur im Frühjahr und Sommer in den kanarischen Gewässern gesehen. Häufiger kommt der für den Taucher nicht ungefährliche Stechrochen vor, der sich durch einen oder mehrere harte, mit Widerhaken versehene Giftstacheln auf dem Schwanz auszeichnet. Stechrochen erreichen eine Spannweite von 2 m. Sie sind mit gebührendem Abstand zu betrachten, denn sie schlagen mit dem Schwanz um sich, wenn sie sich bedroht fühlen. Auch der Adlerrochen hat einen

Die giftigen Drachenköpfe sind mit verschiedenen Arten vertreten.

bis zwei Giftstacheln auf einem betont langen und dünnen Schwanz. Weitere Rochenarten sind der Schmetterlingsrochen und der Zitterrochen, der mit elektrischen Stromstößen seine Beute betäubt. Während man den Manta und Adlerrochen auch tagsüber in freiem Wasser sieht, sind die anderen Rochenarten nachtaktiv. Tagsüber sieht man sie meist im Sand vergraben.

Eine Alternative, den nichttauchenden Begleitpersonen und Kindern vor allem Rochen, aber auch die Unterwasserwelt überhaupt zu zeigen, ist eine Fahrt mit dem „Yellow Submarine". Es ist ein gefahrloses Unternehmen, mit der ganzen Familie im geräumigen Unterseeboot im klaren Wasser des Ostatlantiks über dem Meeresgrund daherzuschippern. Zwei dieser Unterseeboote gibt es auf den Kanaren, sie sind in Gran Canaria, Puerto Mogán (Undersea S.L., Tel. 565108, Fax. 565048) und in Teneriffa, Las Galletas (Subtrek, Tel. 730013) stationiert. In Teneriffa sieht man dabei regelmäßig große Rochen, es besteht dort auch ein Abholdienst aus den Touristenzentren.

Die vorkommenden Knochenfischarten sind zu zahlreich, als daß sie hier einzeln aufgeführt werden können, deshalb beschränken wir uns auf die Arten, die für den Taucher interessant sind, weil er sie häufig zu Gesicht bekommt.

Die Muränen gehören sicher für den Taucher zu den eindruckvollsten Fischen überhaupt. Wenn man nicht hektisch und achtlos an Höhlen und Spalten vorüberschwimmt, gelingen dem Fotografen farbenprächtige Aufnahmen der verschiedenen Arten: schwarze Muräne, Mittelmeer-Muräne, Maskenmuräne und die leuchtend bunte Tigermuräne. Muränen sind weder giftig noch gefährlich, lediglich bei Fütteraktionen oder Provokationen mit dem Schnorchel kommt es gelegentlich zu reflexartigen Bissen, die dann allerdings erhebliche Rißverletzungen verursachen können (Vorsicht: Muränenbisse dürfen nicht genäht werden, da es dann immer zu Infektionen kommt!).

Fast bei jedem Tauchgang sieht man Barsche der verschiedensten Arten. Sei es, daß einem große Einzelgänger des braunen Zackenbarsches (span. Mero) begegnen, die 1,5 m lang und bis zu 50 Jahren alt werden können, oder man sieht bis zu 80 Tiere in einer Gruppe, wie sie Konni Weiß vor La Palma beschrieben hat. Am Muränenriff vor Fuerteventura warten regelmäßig 4–6 große Zackenbarsche in Erwartung eines leckeren Happens, wenn Taucher absteigen, denn sie sind durch regelmäßiges Anfüttern handzahm geworden. Oft sieht man auch Farbvarianten dieses großen Küstenfisches, die von gelb-orange (span. Abade Capitán) bis schwarz (span. Abade) reichen. Ein sehr farbenprächtiges Antlitz hat der viel kleinere Schriftbarsch, dessen Kiemendeckel mit bunten Ornamenten bedeckt sind, die arabischen Schriftzeichen ähnlich sind. Weitere Unterfamilien der Zackenbarsche sind der rote Fahnenbarsch, die Kardinalbarsche, das Glasauge und der häufig vorkommende atlantische Großaugenbarsch, der sich in Höhlen aufhält und nachtaktiv ist. Zu den Riffbarschen gehören der Mönchsfisch und der Neon-Riffbarsch, kleine Fische, die sich in Riffnähe aufhalten und ihr Territorium verteidigen.

Es ist immer wieder sehr überwältigend, einem einzelnen großen Barrakuda (span. Bicuda) zu begegnen, obgleich sie vorwiegend an Steilwänden in großer Tiefe anzutreffen sind. Die kleineren Exemplare treten in Schwärmen auf.

Die Familie der Meerbrassen gehört zu den häufigsten Küstenfischen im Ostatlantik. Hauptvertreter sind die Geißbrassen, Zweibindenbrassen, Streifenbrassen und die Gold- und Gelbstriemen. Die Tiere sind meist 20–40 cm lang und kommen in großen Schwärmen in Küstennähe im Freiwasser schwimmend vor. Alle haben eine schlanke Form mit hohem Rücken.

Fast ebenso häufig werden große Schwärme des Gelbflossengrunzers (span. Roncador) gesehen, die bei Gefahr grunzende Töne erzeugen können.

Während die Bernsteinmakrelen (gehören zu den Stachelmakrelen) oft in Küstennähe den Taucher in geziemendem Abstand jagend begleiten, findet man Makrelen und Thunfische (span. Bonito) hauptsächlich im offenen Meer. Der echte Bonito macht offensichtlich eine Wanderung in andere Gebiete durch; denn man sieht ihn in kanarischen Gewässern nur vom Frühling bis Herbst. Er wird leicht mit der Bernsteinmakrele verwechselt.

Lippfische kommen in farbenprächtigen Varianten vor. Der rote Schweinsfisch (span. Pejeperro) ist mit maximal 65 cm Länge das größte Exemplar, den Meerjunker und den Meerpfau halten wir persönlich für die schönsten. Die Lippfische wechseln während ihres Lebens Gestalt und Farbe; die Männchen sind größer und farbenprächtiger als die Weibchen, junge Fische sind anders gefärbt als ältere.

Papageifische sind auf den Kanaren sehr populär, sie sind jedoch nicht so farbenprächtig, wie wir es vom Indischen Ozean oder Roten Meer gewohnt sind. Sie halten sich in der Regel über steinigem, mit Algen bedeckten Grund auf. Ähnlich den Lippfischen geschieht die Fortbewegung hauptsächlich durch kraftvolle Bewegung der Brustflossen. Der Name stammt von dem ähnlich einem Papageienschnabel umgebildeten Gebiß, mit dem sie Algen vom steinigen Grund regelrecht abhobeln oder auch Korallen fressen.

Zu den Meeraalen gehören die häufig auf Sandboden anzutreffenden Röhrenaale (span. Anguila), die sich tagsüber aus dem Sandboden herausschrauben, um bei den geringsten fremdartigen Wasserbewegungen (Taucher!) sofort wieder in ihrer Röhre zu verschwinden. Sie ernähren sich von vorbeitreibendem Plankton und verlassen ihre Röhre selten oder gar nicht. Den Meeraal (Conger) sieht man tagsüber selten, gelegentlich lugt er ähnlich den Muränen aus einer Höhle oder einem Wrack hervor. Im Ostatlantik erreichen sie eine Länge von bis zu 3 m.

Drücker- und Feilenfische kommen ebenfalls im Ostatlantik vor, sie haben aber nicht die Größe und Farbenpracht wie im Indischen Ozean.

Kugel- und Igelfische werden in den kanarischen Gewässern offenbar nicht sehr groß. Einmal sahen wir als Mitfahrer bei einer Angelfahrt zwischen Gomera und Teneriffa, wie ein Kugelfisch von 40 cm Länge unter der Vorstellung, es handele sich um einen Hammerhai, unter großer Kraftanwendung an die Oberfläche gedrillt wurde, wo er dann leider extrem „aufgeblasen" verendet ist. Der Fisch ist aus 500 m Tiefe am Angelhaken hochgezogen worden. Das „Aufblasen" soll durch Wasserverschlucken zustande kommen.

Zu der Familie der Skorpionsfische gehören der rote und braune Drachenkopf, die man sehr häufig, allerdings auch hervorragend getarnt, auf den Felsen liegen sieht.

Am Ende dieses Kapitels ist es uns ein Anliegen, unsere tauchenden Freunde auf die Probleme des Umweltschutzes hinzuweisen, auch wenn sie sich im Urlaub auf den Kanarischen Inseln befinden. Wir haben leider oft beobachten müssen, daß Tauchplätze von zerstörten Seeigeln verunreinigt waren, nur um kleine Riffbarsche mit dem lebenden Inhalt anzulocken und anzufüttern. An bestimmten Tauchplätzen im Süden Teneriffas sieht man keine einzige schwarze Koralle mehr, nur weil einige Taucher unbedingt ein Souvenir gebraucht haben. Große Tritonshörner wurden zur Oberfläche gebracht, um sie qualvoll von ihren Gehäusen zu trennen.

Die kanarische Regierung hat sich in den letzten Jahren sehr bemüht, Fauna und Flora auf dem Archipel zu erhalten. So wurden vier Nationalparks gegründet: Teide (Teneriffa), Timanfaya (Lanzarote), Caldera del Taburiente (La Palma) und Garajonay (La Gomera), ferner existieren natürliche Parks und Küstenschutzgebiete, wo auch das Fischen verboten ist und besonderer Wert auf die Unterwasserwelt gelegt wird. Speziell zum Schutze der Grindwale will die Regierung die Walbeobachtungen unter Kontrolle halten, eventuell sollen sie eingeschränkt werden, sog. „Wildfahrten" sollen ganz verboten werden. Laßt uns deshalb gemeinsam versuchen, die Naturschönheiten der Kanarischen Inseln über und unter Wasser zu erhalten, indem wir uns jederzeit, auch im Urlaub, umweltgerecht verhalten.

Ideale Reviere finden die großen Zackenbarsche in den tiefschluchtigen Lavaabhängen.

Teneriffa

Teneriffa ist mit 2066 km^2 die größte der Kanarischen Inseln. Im Gegensatz zu den übrigen Inseln wird sie ihrem Pseudonym „Insel des ewigen Frühlings" am ehesten gerecht. Der Teide stellt mit den Cañadas und dem anschließenden Gebirgszug bis La Laguna eine Wetterscheide dar, die die Insel in zwei Klimazonen teilt: den gemäßigten Norden mit reichlich Niederschlägen und einer ewigen Blütenpracht, Bananenfeldern und üppigen Gemüsegärten und den jenseits des Gebirgskammes liegenden Süden mit nahezu ständigem Sonnenschein, wenig Niederschlägen und dadurch recht spärlichem Pflanzenwuchs.

Tauchen

Entsprechend der Größe der Insel liegen die meisten Tauchbasen der Kanareninseln auf Teneriffa: insgesamt 13 Tauchbasen, darunter allerdings auch sog. Inoffizielle Basen, die unter dem Deckmantel von Tauchclubs arbeiten, aber durchaus ihre Lokale in großen Hotelanlagen haben, so daß die Absicht deutlich zu erkennen ist, am großen Touristengeschäft teilzunehmen. Wir haben in den letzten 10 Jahren jährlich einmal Teneriffa besucht und dabei die ständige Zunahme der Tauchbasen beobachtet, ohne dabei ein Qualitätsurteil abgeben zu wollen. Aus der Skepsis der alteingesessenen Tauchlehrer heraus ist 1995 unter dem Vorsitz von Heinz Scheffler die Tenerife Diving Association gegründet worden. Die Organisation hat es sich zur Aufgabe gemacht, gute Sicherheitsstandards zu bieten, die Qualität der Tauchlehrer zu garantieren und damit den inoffiziellen „wilden" Tauchbasen entgegenzutreten.
Mitglieder dieser Vereinigung sind: Baracuda Tauch & Surf Club, Coral Sub, Gruber's Diving Center, Island Divers, Los Gigantes Diving Centre und San Borondon.

Tauchbasen

Die Reihenfolge der Aufzählung dachten wir uns ähnlich einer Tagestour über die Insel, die in Puerto de la Cruz anfängt und in Los Gigantes endet (im Text sind die Tauchbasen mit Nummern gekennzeichnet, so daß sie in der Kartenübersicht gut wiederzufinden sind). Diese Reise wollen wir auch allen Teneriffa-Besuchern empfehlen, weil man dabei alle markanten Punkte zu sehen bekommt, besonders wenn man über den Teide nach Puerto de la Cruz zurückfährt.

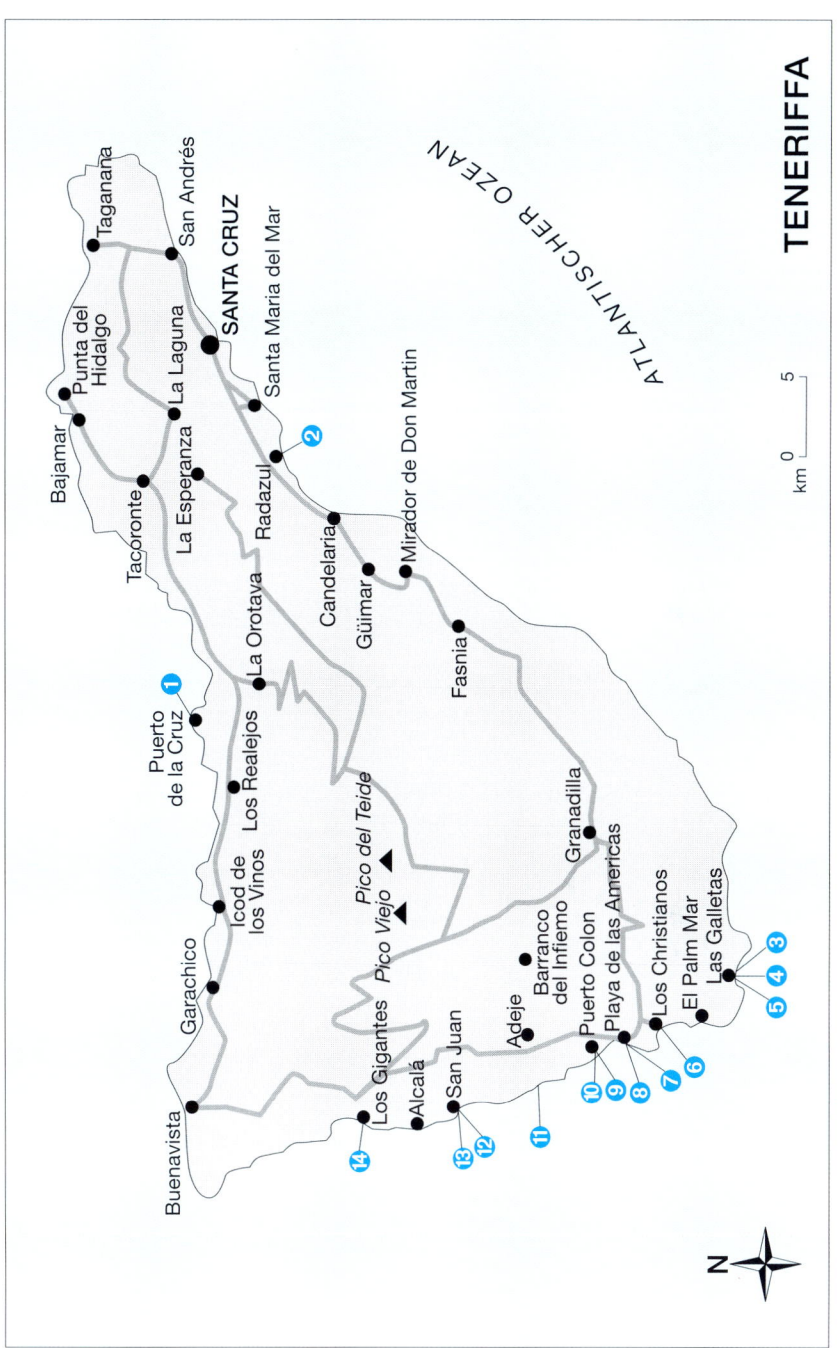

TENERIFFA

ATLANTISCHER OZEAN

SANTA CRUZ

Taganana
San Andrés
Punta del Hidalgo
Bajamar
La Laguna
Tacoronte
La Esperanza
Radazul
La Orotava
Santa Maria del Mar
Candelaria
Güimar
Mirador de Don Martin
Fasnia
Puerto de la Cruz
Los Realejos
Icod de los Vinos
Garachico
Pico del Teide
Pico Viejo
Granadilla
Buenavista
Los Gigantes
Alcalá
San Juan
Adeje
Barranco del Infierno
Puerto Colon
Playa de las Americas
Los Christianos
El Palm Mar
Las Galletas

km 0 5

N

Puerto de la Cruz

Die Touristenstadt Puerto de la Cruz ist Repräsentant für den gesamten Norden der Insel, wo man wechselnde Wetterverhältnisse und eine starke Dünung gewohnt ist. Wer die Stadt von früher kennt, wird angenehm überrascht sein über die neue, sehr ansprechende Strandanlage im Westen und über den neuen Sandstrand im Osten, der bis 1997 noch ausgeweitet und verbessert werden soll. In Puerto de la Cruz findet man alles, was des Touristen Herz begehrt: eine ausgedehnte Strandpromenade mit modernen Einkaufszentren und Supermercados, eine ansprechende Altstadt mit preisgünstigen einheimischen Speiselokalen und die ausgedehnte und sehr gepflegte, von César Manrique geschaffene Schwimmbadanlage Martianez im Stadtteil San Telmo, von wo aus man einen herrlichen Blick auf den in den Wintermonaten mit Schnee bedeckten Pico del Teide genießen kann. Nicht zu vergessen sind der Botanische Garten in la Paz und der Loro Parque oberhalb der Punta Brava, der die größte Papageiensammlung der Welt beherbergt. Im Loro Parque gibt es ferner Delphin-, Seelöwen- und Papageienshows, einen 18 m langen gläsernen Haifischtunnel, eine Fledermausgrotte und ein Gorilla-Freigehege. Als Service gibt es jetzt statt der früheren Busverbindung eine Bimmelbahn, die mit Haltestelle gegenüber dem früheren Café Columbus die Besucher kostenfrei zum Loro Parque bringt, der Eintrittspreis beträgt allerdings für Erwachsene 2200 Pts, für Kinder 1100 Pts. Kulturhistorische Monumente und kulturelle Veranstaltungen wie die berühmten Fiestas del Julio runden das Bild ab. Es hat hier in früheren Jahren schon eine Tauchschule gegeben, die aber wieder geschlossen wurde. Im Bereich des Schwimmbades in der Nähe des Castillo de San Felipe ist ein Tauchsportverein beheimatet, der aber für Touristen nur schwer zugänglich ist.

1 Atlantik Tauchschule
Die Tauchschule „Atlantik" hat ihren Sitz im Maritim Hotel, sie besteht seit 1994.

Name:	Atlantik
Basisleiter:	Familie Christoph
Tauchlehrerqualifikation:	Eberhard Christoph ist FEDAS/CMAS-Tauchlehrer*** und VDST-Tauchlehrer*** sowie von der I.T.L.A. staatlich anerkannter Tauchlehrer, Dirk Christoph ist VDST-Tauchlehrer**, Mutter Irene und Sohn Thomas sowie der Assistent Erich (TL*) unterstützen die Tauchausbildung.
Anschrift, Tel., Fax:	El Burgado 1, 38400 Puerto de la Cruz (Los Realejos), Tel. (922) 362801, Fax (922) 362801. Vorwahl von Deutschland 0034/22/ 362801

Ausbildung:	bis VDST/CMAS*** einschließlich Spezial-brevets Orientierung und Nachttauchen sowie alle FEDAS-Stufen
Nächste Druckkammer:	Universitätsklinik von Santa Cruz, Teneriffa
Kontaktpersonen in Deutschland:	Eberhard Christoph, Potsdamerstr. 22, D-37120 Bovenden, Tel 05593/1058, Fax 05593/1058

Lage

Die Tauchbasis liegt in dem Apartment-Haus des Maritim Hotels in Los Realejos, einem kleinen Ort südwestlich von Puerto de la Cruz. Man erreicht sie mit dem Auto am besten, indem man am westlichen Ortsausgang von Puerto de la Cruz nach rechts abbiegt in Richtung Los Realejos und Maritim Hotel. Das Hotel steht inmitten eines gepflegten Parks, umringt von Bananenfeldern und ist schon von weitem sichtbar. Sicherlich kann man auch den Hotelbus benutzen, oder man macht sich den Abholdienst der Tauchbasis zunutze.

Basis

Die VDST-MTA-Basis (MTA bedeutet Mitglied-Tauchbasis Ausland) ist ein Familienbetrieb unter Leitung des Vaters Eberhard Christoph. Er ist VDST-Tauch-

Felsküstenlandschaft bei Puerto de la Cruz.

lehrer** und der einzige deutsche FEDAS-Tauchlehrer*** auf den Kanaren und seit 1995 auch von der Internationalen Tauchlehrer-Akademie Potsdam (I.T.L.A.) staatlich anerkannter Tauchlehrer. Sohn Dirk ist VDST/CMAS-TL**, der Assistent Erich VDST-TL*. Mutter Irene und Sohn Thomas unterstützen die Tauchausbildung. Thomas kümmert sich um die Verwaltung. Die Basis ist täglich, auch an Sonn- und Feiertagen geöffnet, und zwar von 9–9.30 Uhr, von 12–13.00 Uhr und von 17–18.30 Uhr. Schnuppertauchgänge sind kostenlos. Sie werden in verschiedenen Hotels veranstaltet.

Tauchbetrieb
Die Anfängerkurse beginnen jeweils Sonntag vormittags und Mittwoch mittags. Sie dauern 3 Tage und enden mit dem international anerkannten Grundtauchschein. Praxis- und Theorieausbildung hierzu im Maritim Hotel, 1 Tauchgang im Meer ist eingeschlossen. Mindestalter für den Anfängerkurs ist 12 Jahre. Abnahmen höherer Leistungsstufen und entsprechende Kurse werden nach Absprache durchgeführt. Bei günstigen Wetterverhältnissen sind auch Nachttauchgänge möglich.
Zu den zwei Tauchgängen täglich trifft man sich um 9.00 oder um 14.00 Uhr an der Tauchbasis, oder man läßt sich von seiner Unterkunft bzw. von dem vereinbarten Treffpunkt abholen. Je nach Tauchgebiet geht es dann weiter zum alten Fischerhafen von Puerto de la Cruz, wo die Tauchboote vor Anker liegen, oder es wird südwestlich von Puerto de la Cruz von Land aus getaucht. Inzwischen ist das neue große Tauchboot aus Aluminium in Betrieb genommen, und die Tauchbasis ist in größere Räume unter derselben Anschrift umgezogen.
Die schönsten Tauchgebiete liegen vor der Küste von Puerto de la Cruz. Die Fahrzeiten mit dem Boot betragen zwischen 10 und 30 Minuten. Unterwassergebirgsformationen und Fischreichtum machen die Tauchgebiete vielseitig und interessant. Beim „Kamin" taucht man durch einen Schlot hinaus auf eine „Wiese" aus roten und gelben Hornkorallen. Das „Bullauge" ist eine große Höhle mit einem runden „Fenster" im hinteren Ausgang. Beeindruckend ist die „Kathedrale", ein Cañon, an dessen Ende sich eine Felsformation aus in Urzeiten erstarrter Lava erhebt. Das einfallende Sonnenlicht läßt die Szene an die Erhabenheit eines Domes erinnern, so daß Taucher bereits die Vorstellung erörtert haben, hier getraut zu werden. Alle Tauchplätze sind umschwärmt von atlantischen und tropischen Fischarten, da die Wassertemperaturen das ganze Jahr über zwischen 18 und 22°C liegen. Der „Berg der Fische", ein in 8 m Wassertiefe hochragender Felshügel, ist ein Tauchplatz, an dem man Barrakudas, Thunfischen, großen Zackenbarschen und sogar Delphinen und Pilotwalen begegnen kann. Das „Tal der Fische" zeichnet sich durch großen Fischreichtum aus, eingeschlossen Thunfischschwärme und im Herbst auch Mantas. Rochen gehören zum regelmäßigen Anblick. Beim „Labyrinth" handelt es sich um eine bizarre, aus Lavagestein bestehende Formation mit Höhlen und Bogengängen, durch die hindurchgetaucht werden kann. Der

Der Strand bei Puerto de la Cruz.

Tauchplatz „Bolullo" liegt vor dem aus schwarzem Lavasand bestehenden Bolullo-Strand (zum Baden sehr zu empfehlen!) und besteht aus drei dicht nebeneinander liegenden Lavaformationen.

Nach Norden bieten sich weitere unzählige Tauchplätze an, die noch nicht ergründet sind, die jedoch aufgrund der bizarren vulkanischen Struktur der Unterwasserlandschaft auf Überraschungen hoffen lassen. Die Basis bietet auch Fahrten mit dem Kleinbus an, z. B. nach Radazul mit Easy Diving für Anfänger von der Küste aus oder in die Gegend von El Sauzal, wo sogar ein Flugzeugwrack betaucht werden kann.

Wir haben gerne und häufig bei den Christophs getaucht, wobei insbesondere die hohen Sicherheitsstandards lobend erwähnt werden müssen.

Unterkunft
Alle deutschen Chartergesellschaften fliegen nach Teneriffa. Nicht jeder wird sich das renommierte und gepflegte, allerdings auch sehr teure Maritim leisten können. Neben wirklich günstigen Pauschalangeboten der Reisegesellschaften bietet die Familie Christoph jederzeit bei der Beschaffung von günstigen Unterkünften Hilfe an, so daß eine sehr freie Gestaltung der Reise auch mit Selbstversorgung möglich ist. Neuerdings gibt es sogar von der Iberia einen Direktflug von Deutschland nach Teneriffa Nord, so daß der teure Flughafentransfer vom Süden überflüssig ist.

Preise

Ein Tauchgang mit Ausrüstung der Basis (tägl. 9.00 und 14.00 Uhr, Mindestalter 12 Jahre, Grundtauchschein ist Bedingung) kostet ca. 50 DM/4000 Pts. Ab 10 Tauchgängen reduziert sich der Preis auf etwa 40 DM/3200 Pts. Bei Benutzung der eigenen Ausrüstung (Lifejacket, Anzug und Lungenautomat) wird eine Ermäßigung von 10 DM auf den Grundpreis gewährt. Der Anfängerkurs dauert 3 Tage, schließt mit einem Tauchgang im Meer ab und kostet ca. 300 DM/24.000 Pts. Für Fortgeschrittene bis VDST/CMAS*** jeweils 6 Prüfungstauchgänge nach der Tauchgangspreistafel zzgl. einer Prüfungsgebühr von 50 DM/4000 Pts. Theoretische Prüfung wird als 7. Tauchgang berechnet. Alle Voraussetzungen müssen erfüllt sein.

Es wird eine einmalige Sicherheitsgebühr von 10 DM/800 Pts von jedem Taucher erhoben, die Gültigkeitsdauer ist 12 Monate.

Radazul

Radazul ist ein kleines Fischerdorf im sonnigen Bereich der Insel, von Puerto de la Cruz ca. 30 km und von Santa Cruz über die Autostrada del Sur ca. 8 km entfernt.

2 Radasub

Lage

Man erreicht die Tauchbasis Radasub von der Autobahnabfahrt aus in Richtung Radazul und weiter den Schildern zum Puerto Deportivo (Sporthafen) folgend. Die Basis liegt im Parterre eines Hochhauses direkt gegenüber dem Sporthafen. 50 m weiter ist ein größerer Parkplatz, auf dem man sich auch umziehen kann.

Name:	Radasub
Basisleiter:	Antonio und Paula Navajas
Tauchlehrerqualifikation:	FEDAS/CMAS-Tauchlehrer**
Anschrift, Tel., Fax:	Puerto Deportivo de Radazul, Tel. 0034-22-681672 oder über Gran Hotel Punta del Rey, Las Caletillas, Tel. 0034-22-501899
Ausbildung:	bis CMAS*** und alle FEDAS-Stufen
Nächste Druckkammer:	Universitätsklinik von Santa Cruz, Teneriffa
Kontaktpersonen in Deutschland:	Keine

Basis

Die Besitzer Antonio und Paula Navajas haben die Basis aufgebaut, und es ist ein besonderer Verdienst von Antonio, in den felsigen und unwegsamen Küstenstreifen direkt gegenüber der Basis drei verschiedene Einstiege geschaffen zu haben, so daß der Taucher auf Stufen mit Geländer ins Wasser steigen kann. Dadurch sind auch die ersten Schritte der Tauchausbildung im Freiwasser möglich. Weil der Ort Radazul touristisch wenig erschlossen ist, ist die Tauchbasis auch nicht einem örtlichen Hotel angeschlossen. Die Anfängerausbildung findet im Pool des im Nachbarort Las Caletillas gelegenen 4-Sterne-Hotels statt.

Tauchbetrieb
Antonio und seine Crew bilden nach den Richtlinien der FEDAS/CMAS aus, so daß auch von allen anderen der CMAS angeschlossenen Verbänden gegenseitige Anerkennung erfolgt. Die Basis ist mit 30 kompletten Geräten einschließlich Anzügen großzügig ausgestattet und auch für entsprechend große Gruppen oder Tauchvereine geeignet. Getaucht wird vorwiegend von Land oder vom Schlauchboot, das im nahe gelegenen Sporthafen liegt. Sicherlich ist das geplante große Tauchschiff inzwischen fertig geworden, mit dem dann Ausfahrten bis nördlich von Santa Cruz und südlich bis Candelaria durchgeführt werden können.
Jeden Samstag um 10.00 Uhr beginnt in der Tauchschule der Tauchkurs. Der Grundkurs dauert eine Woche und besteht aus 7 praktischen und 7 theoretischen Unterrichtseinheiten, verbunden mit Freiwassertauchgängen im Meer. Ziel ist FEDAS/CMAS*, das Mindestalter ist 14 Jahre. Auffrischungskurse in Begleitung erfahrener Tauchlehrer sind möglich. Tauchprofis können nach Vorlage ihrer Tauchlizenz und eines ärztlichen Attestes zweimal täglich (11.00 Uhr und 16.30 Uhr) in Eigenregie von der Küste aus tauchen.
Die Tauchplätze liegen direkt vor der Basis, die Einstiege sind sicher und bequem. Die Hafeneinfahrt zum Sporthafen ist weit genug entfernt, so daß hier für den Taucher keine Gefahren aufkommen können. Vor der Basis kommen alle Tiefenverhältnisse vor, der interessante Bereich liegt allerdings zwischen 15–20 m.

Unterkunft
Die Tauchschule ist einer sehr schönen, wenn auch etwas entfernt gelegenen Hotelanlage angeschlossen, in der auch die Schwimmbadausbildung erfolgt. Das Vier-Sterne-Hotel Punta del Rey liegt im Nachbarort Caletillas, Avda. Generalisimo 165, Tel. 0034-22-501899, Fax. 0034-22-500091. 1 Woche Vollpension kostet ca. 30.000 Pts. Im Bedarfsfall hilft Antonio bei der Beschaffung von Unterkünften. Es steht ein Abholservice mit Kleinbus sowohl vom Flughafen wie auch vom Hotel zur Verfügung.

Preise
Ein Tauchgang mit kompletter Ausrüstung und Tauchlehrerbegleitung kostet ca. 3.500 Pts, der Preisnachlaß bei eigener Ausrüstung beträgt 500 Pts. Ein „Todo Buceo", d. h. komplettes Tauchpaket mit 10 Tauchgängen, einem Nachttauchgang, kompletter Ausrüstung und individueller Begleitung durch Tauchlehrer bekommt man für ca. 30.000 Pts.

Bei den verschiedenen Kursen (1 Woche) für Anfänger und Fortgeschrittene bis CMAS***, komplette Ausrüstung, praktischer und theoretischer Unterricht eingeschlossen, richten sich die Preise ja nach Kurs. Einführung in das Tauchen mit kompletter Ausrüstung und individueller Tauchlehrerführung einschließlich Tauchertaufe kostet 3.500 Pts.

Las Galletas

Inzwischen ist auch der Süden der Insel durch die neue Autobahn gut erschlossen, so daß auch der Urlauber von Puerto de la Cruz aus sämtliche Tauchbasen des Südens mit dem Auto gut erreichen kann. Als es im Norden der Insel noch keine Tauchbasen gegeben hat, sind wir ständig eine knappe Stunde lang zum Tauchen nach Las Galletas gefahren, um uns von „Jean la Murène" die Kunststückchen mit seinen Muränen vorführen zu lassen.

Das kleine Fischerdorf Las Galletas liegt im Süden an der Costa del Silencio, es verfügt über einen kleinen Sandstrand, sonst ist die Küste steinig.

Die besondere Attraktion des Ortes ist das „Yellow Submarine" (Subtrek), ein finnisches Unterseeboot für 40 Touristen, das in Begleitung eines Beibootes interessierte Touristen vor der Küste von Las Galletas durch die Unterwasserwelt führt (bei Interesse Tel. 0034-22-730013, Kosten ca. 3950 Pts). Gratisbusse hierfür werden in Playa de las Americas, Los Christianos und Puerto de la Cruz eingesetzt. Böse Zungen behaupten, daß der ortsansässige Basisinhaber vor dem Hafen die dort sehr großen Rochen anfüttern würde, damit die U-Bootgäste auch etwas zu sehen bekämen.

Dort liegt an der Costa del Silencio die große belgische Clubanlage „Ten Bel", in die „Coral Sub", eine der ältesten Tauchbasen der Insel, integriert ist. Direkt an die Anlage Ten Bel schließt sich nach Süden das kleine Fischerdorf Las Galletas mit zwei weiteren Tauchbasen an.

3 Coral Sub Ten Bel

Die Tauchbasis im Hotelpark Ten Bel liegt in der Nähe des großen Meerwasser-Pools der Anlage und hat direkten Anschluß an das Meer. Man passiert die Einfahrt der Hotelanlage mit dem Auto oder zu Fuß und hält sich dann rechts den Schildern zur Tauchbasis folgend. Dicht oberhalb der Basis ist großzügige Parkgelegenheit vorhanden. Die Entfernung nach Puerto de la Cruz beträgt 95 km, nach Los Christianos sind es 5 km, zum Flughafen Teneriffa Süd 10 km.

Name:	Coral Sub
Basisleiter:	Philippe Kloos unter Mitarbeit von Jean Koller („Jean la Murène")

Wem Tauchen zu anstrengend ist, der kann die kanarische Unterwasserwelt mit verschiedenen U-Boot-Typen erkunden.

Tauchlehrerqualifikation:	Philippe ist PADI-Staff-Inspector, Jean ist Tauchlehrer*** des französischen Verbandes FFESSM/CMAS und FEDAS sowie PADI-Tauchlehrer
Anschrift, Tel., Fax:	Apartados de Correos 133, E-38630 Las Galletas, Tenerife-Islas Canarias, Tel 00-34-22-730060, Fax 00-34-22-730981
Ausbildung:	Intensive Ausbildung in verschiedenen Pools mit jeweils zahlreichen Tauchlehrern ist möglich. Alle CMAS-, FEDAS und FFESSM-Stufen sowie PADI bis Divemaster
Nächste Druckkammer:	Universitätsklinik von Santa Cruz, Teneriffa
Kontaktpersonen in Deutschland:	keine, jedoch Buchung über die deutschen Reisegesellschaften NUR, Air Martin und Fischer-Reisen möglich

Lage
Von Puerto de la Cruz kommend, erreicht man den Hotel Park Ten Bel von der Autobahnabfahrt Las Galletas in ca 8 km, von Los Christianos aus ist es ähnlich weit. Die Costa del Silencio besteht praktisch nur aus dem riesigen, unter belgischer Verwaltung stehenden Ten Bel-Komplex mit Wohnungen, Apartments und Bungalows sowie zahlreichen Sportanlagen und auch vielen Schwimmbädern. Der Weg zur Tauchbasis Coral Sub ist ausgeschildert, sie liegt in der Nähe des großen Meerwasserschwimmbades.

Basis
Coral Sub ist eine sehr große Tauchbasis, die allen Anforderungen an Sicherheit und Ausbildung gerecht wird. Wir haben gesehen, wie große belgische Clubs in den allgemeinen Tauchbetrieb integriert wurden und reibungslos Ausbildung und Prüfungsabnahmen durchführen konnten, andererseits findet auch der Einzeltaucher eine durchaus individuelle Betreuung bei „Jean la Murène". Da die Basis sehr stark auf Gruppen fixiert ist, gibt es auch für Gruppen enorm günstige Preise.
Wir haben es als sehr angenehm empfunden, daß wir – wie auch jeder andere Gast – unser gesamtes „Gerödel" auf der Basis lassen konnten, zumal wir von Puerto de la Cruz angereist waren.
Tauchanzüge, Atemregler und Tarierwesten sind nicht die modernsten, sie sind jedoch technisch einwandfrei, und Philippe ist ständig bemüht, neue Gerätschaften hinzuzukaufen.
Bürozeiten: 9.00–12.00 Uhr und 14.30–17.30 Uhr.

Tauchbetrieb

Entsprechend der Größe der Tauchbasis ist der Tauchbetrieb streng organisiert. Bevor man ins Wasser steigen kann, muß der Nachweis einer Versicherung und der tauchsportärztlichen Untersuchung erbracht werden. Beides kann allerdings vor Ort nachgeholt werden. Getaucht wird grundsätzlich zweimal täglich, und zwar ausnahmslos von Schlauchbooten aus. Nachttauchgänge werden regelmäßig nach Vorankündigung durchgeführt. Samstags nachmittags, sonntags, vom 1.–15. Dezember und den ganzen Juni über ist die Basis geschlossen.

Nach dem zweiten Tauchgang zelebriert Jean die Einteilung der Tauchboote für den folgenden Tag. Vor jedem Tauchgang erfolgt eine genaue Beschreibung des Tauchplatzes.

Die Tauchplätze liegen in Tiefen von 10–40 m. Entweder man besucht in 40 m Wassertiefe die schwarzen Korallen, das in 25–30 m liegende Wrack (ein alter Zementfrachter), den Platz der Rochen, Le Champignon oder man sieht begeistert zu, wie Jean la Murène (daher hat er seinen Kosenamen!) die zahlreichen unterschiedlichsten Muränenarten mit Leckerbissen verwöhnt. Immer wieder begegnet man sehr großen Rochen, Barschen und Barrakudas in Schwärmen. In den letzten zwei Jahren wurden Schildkröten bei nahezu allen Tauchgängen gesehen, und zwar kurioserweise in Kombination mit dem vermehrten Rochenaufkommen. Faszinierend ist die Unterwasserlandschaft mit Höhlen, Torbögen und bizarren Strukturen aus erstarrten Lavamassen. Immer wieder haben uns das klare Wasser und Sichtweiten bis zu 50 m begeistert. Die Fahrstrecken bis zu den Tauchplätzen dauern nur 15–25 min, zum Wrack ist man allerdings 45 min unterwegs.

Regelmäßig gibt es Exkursionen auf einem größeren Schiff, das im Hafen von Los Christianos liegt. Von dort aus werden die Tauchplätze vor Los Christianos und Playa de las Americas unsicher gemacht. Bei der Gelegenheit kommt es oft vor, daß man vom Schiff aus oder auch beim Schnorcheln die hier vorkommenden Pilotwale beobachten kann. Die bis 1996 von Los Christianos und anderen Häfen durchgeführten organisierten Ausfahrten zur Beobachtung dieser Walschulen sind glücklicherweise inzwischen von der spanischen Regierung verboten worden, und Zuwiderhandlungen werden empfindlich bestraft.

Da Jean Koller kein Freund von Traurigkeit ist, veranstaltet er regelmäßige Treffen mit den Tauchern zum Paella-Essen, Ausflüge nach Maska oder gemütliche Abende in einer kanarischen Bodega. Philippe hat uns seine insgesamt 24 Tauchplätze ausführlich beschrieben, jedoch nicht alle haben wir betaucht. Sieht man von der Basis aus auf das Meer, so liegen 6 Plätze links von der Basis (Maravilla, Punta Theo O Jhon, Marino, Montagne Jaune, San Pedro und San Claudio) und 10 Plätze liegen vor der Basis mit Ausbreitung nach rechts (Punta Jeff, Sparaillones/Roncadores, Punta Nueva 1, Punta Nueva 2, San Juan, Murenes, Champignons, Las Galletas, Les Canyons und El Tanque). Ausgesprochene Tieftauchplätze für erfahrenere Taucher sind Salema/Corbs (32–40 m), Ali Baba (42 m), Corail Noir (50 m) und Punta Salvage (35 m).

Meist tief im Sand vergraben ist der giftige Himmelsgucker (Uranoscopus Scaber).

Ein perfekter Tarnkünstler ist der Weitaugenbutt (Bothus podas).

Blitzschnell bohren sich Schermesserfische (Xyrichthys novacula) bei Gefahr in den Sand.
Über 2 m Länge können die mächtigen Meeraale (Conger conger) erreichen.

Unterkunft

Der Hotelpark Ten Bel wird auch von den deutschen Reisegesellschaften NUR, Air Martin und Fischer-Reisen angefahren. Das Feriendorf Ten Bel (von Teneriffa-Belgien) wurde von Belgiern geschaffen, hiermit war der Tourismus an die Costa del Silencio eingezogen. Der Interessent kann den Flug selbst buchen und sich dann mit Ten Bel, Tel. 00-34-22-730541, Fax 00-34-22-730637 direkt in Verbindung setzen. Ein Riesenangebot an Unterkünften gibt es in dem nahe gelegenen Los Christianos oder in Playa de las Americas. Auch die Tauchbasis ist bei der Beschaffung von Unterkünften behilflich, allerdings haben Jean und Philippe uns versichert, daß die Buchung über eine deutsche Reisegesellschaft preislich am günstigsten wäre.

Preise

Ein Tauchgang mit Ausrüstung der Basis kostet ca. 5.000 Pts, mit eigener Ausrüstung ca. 4.000 Pts. Bei mehr als 6 Tauchgängen reduziert sich der Preis um rund 1000 Pts pro Tauchgang. Für Gruppen gibt es noch günstigere Konditionen. Brevets vom PADI Open Water Diver bis zum Dive Master liegen zwischen 45.000 und 60.000 Pts.
Eine Safari zu den Walen kostet ca. 3.500 Pts, mit Ausrüstung der Basis ca. 4.000 Pts.
Für die Tauchgänge werden 12 l-Aluminium-DTG und Bleigurt jeweils gratis gestellt.

4 Tenesub Marine Las Galletas

Direkt im Hafenbereich liegt die belgische Tauchbasis Tenesub Marine von Claude Brabant, der ursprünglich bei Jean Koller von Coral Sub als Assistent gearbeitet hat.

Name:	Tenesub Marine
Basisleiter:	Claude Brabant
Tauchlehrerqualifikation:	LIFRAS bzw. NELOS/CMAS***-Tauchlehrer (belgischer Verband), FFESSM, FEDAS und PADI
Anschrift, Tel., Fax:	Calle Maria del Carmen Garcia 40, 38630 Las Galletas, Tel. 00-34-22-730933, Fax 00-34-22-731605
Ausbildung:	alle Ausbildungen entsprechend der o.g. Tauchlehrerqualifikation möglich
Nächste Druckkammer:	Universitätsklinik von Santa Cruz, Teneriffa
Kontaktperson in Deutschland	keine

Lage

Die Basis liegt in unmittelbarer Nähe des Hafens von Las Galletas westlich von Ten Bel in einer Parallelstraße zur Strandstraße (Calle Maria del Carmen Garcia). Die Straßen von Las Galletas sind schachbrettartig angeordnet. Wegen der zahlreichen Einbahnstraßen orientiert man sich am besten zum Hafen, wo auch ausreichend Parkmöglichkeiten vorhanden sind.

Basis

Die Basis ist ausgestattet mit 60 12 l-DTG ohne Reserveschaltung (ist inzwischen auf fast allen Basen so; denn die Atemregler sind alle mit einem Finimeter kombiniert), 30 kompletten Atemreglern und 30 Jackets sowie 3 Schlauchbooten mit 75 bzw. 130 PS-Motoren. Die Räumlichkeiten sind ausreichend, Duschmöglichkeit für Taucher ist vorhanden.
Öffnungszeit ist ganzjährig, Tauchbetrieb von 9–14.30 Uhr täglich außer sonntags.

Tauchbetrieb

Claude fährt fast ausnahmslos die Tauchplätze mit dem Schlauchboot an. Sie liegen alle vor der Küste von Las Galletas und sind nahezu identisch mit den Tauchgebieten, die auch von der Basis Coral Sub angefahren werden. In der Regel gute Sicht bis 40 m und Wassertemperaturen zwischen 19 und 24 Grad Celsius. Besonders erfreulich ist auch hier, daß immer mehr Schildkröten und große Rochen zu sehen sind. Als besondere Attraktion gibt es die Möglichkeit, mit den Walen zu schnorcheln.
Ausbildung nach FEDAS und FFESSM (beide Verbände sind der CMAS angeschlossen, ferner PADI).

Unterkunft

Die Basis selbst ist keinem Hotel angeschlossen, Claude ist jedoch bei der Beschaffung von Unterkünften behilflich. In der Nähe sind der Hotel Park Ten Bel, Apart. Reverón, Apart. Oasis Mango und das Hotel Residencia Andrea's in Los Christianos. Komplette Reisen können neuerdings über eine holländische Gesellschaft gebucht werden: G. H. van Krimpen v.o.f., Holland. Tel. 00-31-594614218, Fax. 00-31-594614219.

Preise

Ein Tauchgang mit Ausrüstung der Basis kostet ca. 4.200 Pts, mit eigener Ausrüstung ca. 3.300 Pts. Bei 10 Tauchgängen reduziert sich der Preis um rund 900 Pts pro Tauchgang. Für Gruppen gibt es noch günstigere Konditionen.
Die Kosten für die verschiedenen Brevets sind gesondert zu erfragen.
Für die Druckkammer wird eine einmalige Gebühr von 1.000 Pts erhoben, die 1 Jahr gültig ist.

5 Buceo Tenerife

Buceo Tenerife ist eine erst 1996 von zwei Spaniern gegründete PADI-Tauchbasis in unmittelbarer Nähe von Tenesub.

Name:	Buceo Tenerife
Basisleiter:	Gonzalo Martin und Alfonso Pedrhjas Amor
Tauchlehrerqualifikation:	PADI-Instrukteure
Anschrift, Tel., Fax:	Calle Maria del Carmen 22, E-38630 Las Galletas, Tel. und Fax 00-34-22-731015
Ausbildung:	alle PADI-Stufen einschließlich Spezialbrevets
Nächste Druckkammer:	Universitätsklinik von Santa Cruz, Teneriffa
Kontaktpersonen in Deutschland:	keine

Lage
Die Tauchbasis liegt auf der Calle Maria del Carmen in unmittelbarer Nähe von Tenesub (Tenesub befindet sich im Haus Nr. 40 auf derselben Straße).

Basis
Die Basis ist mit neuen, kompletten Ausrüstungen ausgestattet und auch auf Gruppen eingestellt. Ein Schlauchboot ist vorhanden, es liegt im Hafen von Las Galletas.

Tauchbetrieb
Der Tauchbetrieb ist individuell an die Zahl der Tauchgäste angepaßt. Die Tauchplätze entsprechen denen von Tenesub und Coral Sub.

Unterkunft
Bei der Vermittlung von Unterkünften ist Gonzalo behilflich. Gäste, die in Ten Bel wohnen, können die Tauchbasis bequem zu Fuß erreichen (600 m), als Alternative empfiehlt er:
Apto. Alborada (4 Personen ca. 5.500 Pts/Tag), Apto. Drago-Geminis (4–5 Personen ca. 6.000 Pts/Tag) oder Apto. Primavera (4–5 Personen ca. 8.500 Pts/Tag). Frühstück bekommt man für ca. 750 Pts/Person und Tag, Halbpension für ca. 2.250 Pts und Vollpension für ca. 3.500 Pts.

Preise
Bei einer Gruppe von mindestens 4 Personen kostst ein Tauchgang ca. 3.000 Pts, 6 Tauchgänge ca. 11.500 Pts. Bei Nachttauchgängen wird ein Zuschlag von ca. 750 Pts erhoben.
Diese Preise beinhalten die komplette Ausrüstung der Basis einschließlich Bootsfahrt und Tauchlehrerführung.

Internationale Hotelanlagen in der Bucht von Los Christianos.

Los Christianos

Die Kulisse für die moderne Touristenstadt Los Christianos wird von einer kahlen Berglandschaft gebildet. Das ehemals romantische Fischerdorf ist inzwischen von riesigen Hotelanlagen förmlich verschluckt worden. Anziehungspunkt ist die Fußgängerzone mit kleinen Läden und Straßencafes, die direkt in die Plaza am Hafen übergeht. Von hier aus gehen die Autofähre und das Hydrofoil (Tragflügelboot) nach La Gomera, lohnend auch für einen Tagesausflug. Man versäume nicht, die in Serpentinen angelegte Straße hochzufahren, um von dort einen herrlichen Blick auf den Hafen und die Nachbarinsel La Gomera zu genießen. Badegäste finden einen schönen weißen Sandstrand an einer großen Bucht, begleitet von einer Strandpromenade, die direkt in die Strandregion von Las Americas übergeht.

6 Diving Center Los Christianos, Silvania Sport

Name:	Diving Center Los Christianos
Basisleiter:	Felipe Nasareo
Tauchlehrerqualifikation:	ACUC-Tauchlehrer, weitere Qualifikation nicht bekannt
Anschrift, Tel., Fax:	Av. Maritima, Edificio Vista Marina, E-38650 Los Christianos, Tel. 00-34-22-751375 oder Funktelefon 908-643971

Ausbildung: nicht bekannt
Nächste Druckkammer: Universitätsklinik von Santa Cruz, Teneriffa
Kontaktpersonen in Deutschland: keine
Seit Sommer 1995 gibt es im Hafenbereich von Los Christianos, Avda. Maritima,
Edificio Vista Marina, ein Tauchsportfachgeschäft (Silvania Sport) mit Füllanlage
und offenbar auch Ausbildung. Der Besitzer ist Felipe Nasareo, was wir aus dem
Prospektmaterial leider nicht entnehmen konnten. Er ist der Scubapro Educatio-
nal Association angeschlossen, die keine Verbindung zur CMAS hat, ferner ist er
ACUC*-Tauchlehrer. Wir müssen an dieser Stelle darauf aufmerksam machen,
daß die bei uns vertretenen Tauchsportverbände keine Absprachen bezüglich
gegenseitiger Anerkennung mit diesen Verbänden getroffen haben. Das soll
jedoch keineswegs die Qualität eines Tauchlehrers mindern. Getaucht wird vom
Boot, das im Hafen von Los Christianos liegt.
Öffnungszeiten der Basis ganzjährig täglich außer sonntags ab 9.30 Uhr, Tel. und
Fax. 00-34-22-751375 oder 908-643971.

Preise
Ein Tauchgang mit Ausrüstung der Basis kostet ca. 4.200 Pts, mit eigener Ausrüstung ca. 3.300 Pts. Bei 10 Tauchgängen reduziert sich der Preis um rund 1000 Pts
pro Tauchgang. Für Gruppen von 10–30 Personen gibt es noch günstigere Konditionen.

Playa de las Americas

Playa de las Americas ist eine reine Touristenstadt, die vorwiegend aus großen
Hotels, Apartmenthäusern und zahlreichen Einkaufszentren besteht. Dementspre-
chend groß ist auch das Freizeitangebot, besonders im Wassersportbereich. Die
Strandanlage mit dem für Teneriffa ungewöhnlichen weißen Sand ist künstlich
angelegt, der Sand stammt aus der Sahara. Der dazugehörige Hafen liegt in Los
Christianos, wo die Boote der Tauchbasen, Fischerboote, Touristikboote (Wal-
safaris) und Segelboote liegen. Die Autofähre (Ferry Gomera) legt um 10.00 Uhr,
15.30 Uhr und um 20.00 Uhr nach San Sebastian ab, man muß 1½ Stunden vor der
Abfahrt im Hafen sein.

7 Gruber's Diving Center
Diese Basis liegt heute im Park Club Europe, sie hat eine lange Tradition. Der ehemalige Gründer war Henry Sarpentin, der leider bei einer taucherischen Ret-
tungsaktion in einer gefährlichen Unterwasserhöhle vor Las Americas tödlich ver-
unglückt ist. Die Einrichtung ist dann von Peter Tatka übernommen worden, der
1991 mit der gesamten Basis in den Park Club Europe umgezogen ist. Dort ist nun
seit 1993 das österreichische Ehepaar Kurt und Petra Gruber Chef.

Name:	Gruber's Diving Center
Basisleiter:	Kurt und Petra Gruber
Tauchlehrerqualifikation:	Barakuda/CMAS**-Tauchlehrer, FEDAS und PADI
Anschrift, Tel., Fax:	Park Club Europe, 38660 Playa de las Americas, Tel. 00-34-22-752708, Fax. 0034-22-796424
Ausbildung:	Barakuda/CMAS***, FEDAS und PADI-Divemaster
Nächste Druckkammer:	Universitätsklinik von Santa Cruz, Teneriffa
Kontaktpersonen in Deutschland:	keine

Lage

Wie aus der Zeichnung zu ersehen ist, liegt die Basis am östlichen Ortsrand von Playa de las Americas im Park Club Europe, man kann sie aber auch von Los Christianos erreichen, indem man die Küstenstraße in Richtung Playa de las Americas fährt. Von dem großen Parkplatz aus hat die Basis einen separaten Eingang.

Basis

Die Basis ist in die Clubanlage des Park Club Europe integriert, so daß die Anfängerausbildung auch bequem im Pool der Clubanlage gemacht werden kann. Man erreicht sie von der Autobahnabfahrt Las Americas und orientiert sich an das Westende des Ortes in Strandnähe. Von Los Christianos ist die Basis auch zu Fuß zu erreichen, mit dem Auto muß man einen Umweg fahren. Es stehen ausreichend komplette Ausrüstungen zur Verfügung. In dem angegliederten Tauchshop kann man sich mit Ersatzmaterial versorgen.

Bürozeiten der Basis: Täglich 9.30–10.00 Uhr, 12.30–14.00 Uhr und 17-18.00 Uhr außer sonntags.

Tauchbetrieb

Tauchgänge werden nur vom Boot aus durchgeführt. Hierzu steht ein größeres Tauchboot zur Verfügung, das im Hafen von Los Christianos liegt. Man trifft sich in der Basis und fährt dann nach dem Zusammensammeln des Tauchgerödels gemeinsam in den Hafen. Grundsätzlich werden zwei Tauchgänge täglich angeboten. Ein Wracktauchgang gehört ebenso dazu wie der Besuch von Muränen und interessanten Außenriffen mit vielseitigem Fischbesatz.

In der Ausbildung sind alle Barakuda-, CMAS- und FEDAS-Stufen sowie PADI bis Divemaster möglich, jedoch sollten diese Wünsche bezüglich Prüfungsabnahmen vorher mit Kurt abgesprochen werden.

Die weitläufige Bucht von Playa de las Americas ist ein beliebtes Reiseziel.

Unterkunft

Zu empfehlen ist die Clubanlage selbst, dem gehobenen Standard entsprechend ist sie allerdings auch nicht billig, Tel. 00-34-22-792690, Fax 00-34-22-793352, Buchungen auch über das Europe Reisebüro München, Tel. 089-8346434, Fax 089-888314. Man kann auch jederzeit seine Reise selbst organisieren und dann irgendwo in Playa de las Americas, Los Christianos oder Puerto Colon wohnen, da die Entfernungen nicht groß sind. Kurt und Petra sind auch bei der Beschaffung von Unterkünften behilflich.

Preise

Ein Tauchgang mit Ausrüstung der Basis kostet einschließlich Bootsfahrt ca. 60 DM, mit eigener Ausrüstung verringert sich der Preis um ca. 5 DM. Bei 10 Tauchgängen reduziert sich der Preis um rund 14–18 DM pro Tauchgang.
Kurse von PADI Open Water bis PADI Divemaster werden von rund 550 bis 625 DM angeboten.
Die Preise für die Kurse verstehen sich einschließlich kompletter Ausrüstung, Transfer, Boot und internationalem Tauchschein.
Voraussetzungen für jeden Taucher: Tauchsportärztliches Attest (nicht älter als zwei Jahre) und Ticket für die Druckkammer zu 13 DM.

8 Shark Dive Center – Centro de Buceo el Tiburon

Diese Basis gehört dem Spanier Imanol Alfayate, sie liegt in der Hotelanlage Las Palmeras.

Name:	Shark Dive Center – Centro de Buceo el Tiburon
Basisleiter:	Imanol Alfayate
Tauchlehrerqualifikation:	FEDAS/CMAS**-Tauchlehrer und PADI-Instrukteur
Anschrift, Tel., Fax:	Hotel Las Palmeras, E-38660 Playa de las Americas, Tel. Tel. 00-34-22-752948 und 989-696130, Fax 00-34-22-790274
Ausbildung:	FEDAS/CMAS***, und PADI-Divemaster
Nächste Druckkammer:	Universitätsklinik von Santa Cruz, Teneriffa
Kontaktpersonen in Deutschland:	keine

Lage
Die Basis liegt am Hintereingang des Hotels Las Primeras, ganz in der Nähe von Gruber's Diving Center, das Hotel ist nur durch die hoteleigene Tennisplatzanlage von der Strandpromenade getrennt. Es ist ratsam, nicht spontan dorthin zu fahren, sondern sich vorher telefonisch anzumelden.

Basis
Die Basis verfügt über Komplettausrüstungen, deren Verleih in den Preisen eingeschlossen ist. Getaucht wird vom Boot, das im Hafen von Los Christianos liegt. Über Basis und Tauchbetrieb können leider keine weiteren Angaben gemacht werden, da wir dort nicht selbst getaucht haben.

Unterkunft
Die Unterkunft vermittelt Imanol selbst, es sei denn, man wendet sich direkt an das Hotel Las Palmeras, Tel. 00-34-22-790991.

Preise
Komplettangebote für 7 Tage mit Unterkunft und 9 Tauchgängen, je nach Apartmentgröße um die 50.000 Pts. Für Kurse von PADI Open Water bis Rescue liegen die Preise inklusive Apartment zwischen 46.500 und 52.500 Pts.
Begleitpersonen (Nichttaucher) zahlen für das Apartment rund 2.500 Pts/Person/Tag.
Die o.g. Preise beinhalten Übernachtung, kostenlosen Flughafendienst, komplette Tauchausrüstung, Tauchgangsführung, Gebühren für Nachttauchgänge und Duschmöglichkeiten auf der Basis.
Imanol hat uns versichert, bei Interesse jederzeit gerne telefonisch oder per Fax Auskunft zu geben, allerdings auf Englisch, denn Deutsch spricht er leider nicht.

Puerto Colon

Nördlich von Playa de Las Americas ist ein ganz neuer Sporthafen (Puerto Colon) entstanden, in dem das Tauchboot der englischen Tauchbasis Island Divers liegt. Hier können auch Segelboote gechartert werden. Neben dem Yachthafen liegt ein kleiner, romantischer Sandstrand.

9 Island Divers

Island Divers ist eine englische Tauchbasis, deren Büro, Basis und Wohnsitz an der Costa del Silencio sind, während ihr Tauchboot einen festen Liegeplatz in Puerto Colon Marina, Pantalan Nr. 4, hat.

Name:	Island Divers
Basisleiter:	Sonia und Graham Levett
Tauchlehrerqualifikation:	BSAC/CMAS**-Tauchlehrer und PADI-Instrukteur
Anschrift, Tel., Fax.:	Urbanizacion Tamaide J-4-2, Costa del Silencio, E-38630 Arona, Tel./Fax 00-34-22-730815
Ausbildung:	Alle BSAC/CMAS-Stufen und PADI bis Divemaster
Nächste Druckkammer:	Universitätsklinik von Santa Cruz, Teneriffa
Kontaktpersonen in Deutschland:	keine

Lage
Die Basis liegt in einer Urbanizacion (Siedlung) an der Costa del Silencio mit Unterrichtsraum, Füllanlage usw. Einen Besuch dort spricht man am besten telefonisch ab. Wir haben die Basisinhaber bei mehrfachen Besuchen jeweils im Hafen (Puerto Colon) getroffen und dort auch unsere Informationen erhalten.

Basis
Die Basis ist vorwiegend auf englisches Publikum ausgerichtet, zumal auch kein Deutsch gesprochen wird. Trotzdem haben wir einen sehr positiven Eindruck von den Basisleitern gewonnen, so daß wir durchaus der Ansicht sind, daß diese Basis auch für deutsche Taucher sehr zu empfehlen ist. Besonders hervorzuheben ist, daß sehr viele Spezialkurse, z. B. Trockentauchen und für Anfänger „Discover Scuba" angeboten werden. Beim „Discover Scuba" befaßt sich der Tauchlehrer ½ Tag lang mit dem Taucher einschließlich Theorie und eines ausgedehnten „Discover"-Tauchgangs im Flachbereich. Es sind ausreichend komplette Tauchgeräte vorhanden.

Tauchbetrieb
Tauchausfahrten finden zweimal täglich statt. Die Tauchplätze liegen alle vor der Küste von Playa de las Americas bis Paraiso Floral (Küste vor Adeje). Paraiso Floral bietet vielseitigen Fischbesatz und eine „dramatische vulkanische Unterwasserszenerie", wie es in dem englischen Prospekt heißt, Tauchtiefe 20 m. Die Verfasser kennen diese Tauchplätze und können daher die Schwärmerei aus dem Prospekt zu gut verstehen. Der Tauchplatz „Rochen" macht seinem Namen keine Schande, auch hier sind ständig verschiedene Rochenarten zu sehen, meist vergesellschaftet mit Schildkröten, Tauchtiefe 20 m. „La Condosita" heißt das Wrack, das 1973 als Zementfrachter in der Nähe des Leuchtturms gesunken ist. Im Laufe der Jahre ist es schon arg auseinandergefallen, aber immerhin ist es noch ein Wrack, dessen Bug in 8 m, das Heck in 16 m Wassertiefe liegt. Das „Caletta-Riff" ist ein langes, vorgelagertes Riff mit interessanten Überhängen und ungewöhnlich starkem Fischreichtum. Große Barrakudas sieht man häufig am „Pescadero Roques", einem vorgelagerten Außenriff, das bis fast zur Wasseroberfläche hoch reicht.
Die Tauchausbildung entspricht BSAC/CMAS oder PADI, entsprechende Kurse können nach Absprache abgehalten werden.

Unterkunft
Die Basisinhaber verwalten selbst eine Apartmentanlage in der Urbanizacion Tamaide, wodurch problemlos eine Buchung auch durch deutsche Taucher möglich ist. Über deutsche Reisegesellschaften oder Kontaktpersonen ist eine Buchung nicht möglich.

Preise
Ein Tauchgang mit Ausrüstung der Basis kostet ca. 4.500 Pts, mit eigener Ausrüstung ca. 1000 Pts weniger. Bei 10 Tauchgängen reduziert sich der Preis um rund 750 Pts pro Tauchgang. Für Gruppen gibt es noch günstigere Konditionen. Die Preise der verschiedenen Kurse liegen ca. zwischen 6500 und 55.000 Pts, plus 45 US Dollar für Zertifikat und Mitgliedschaft und verstehen sich einschließlich voller Ausrüstung von der Basis. Gebühr für die Druckkammer 1.000 Pts, 1 Jahr gültig.

10 Manta Sub
Manta Sub ist eine von dem italienischen Geschwisterpaar Enrico und Rocco Alpi geleitete typische PADI-Tauchbasis.

Name:	Manta Sub
Basisleiter:	Enrico und Rocco Alpi
Tauchlehrerqualifikation:	PADI-Instructor und FEDAS/CMAS-Tauchlehrer**

Anschrift, Tel., Fax.:	Puerto Colon 125, Playa de las Americas (Adeje), Tenerife, Islas Canarias, Tel./Fax 00-34-22-715098
Ausbildung:	alle PADI-Stufen und bis FEDAS/CMAS**
Nächste Druckkammer:	Universitätsklinik von Santa Cruz, Teneriffa
Kontaktpersonen in Deutschland:	keine

Lage
Die Basis liegt direkt im Bereich des Sporthafens Puerto Deportivo Colon neben der kleinen Pizzaria. Man erkennt sofort den ständig geöffneten Tauchshop, der zu der Basis gehört.

Basis und Tauchbetrieb
Die Basis ist seit zwei Jahren in Puerto Colon. Sie verfügt über neue Komplettausrüstungen, einen Bauer-Kompressor, Dive-Scooters und U/W-Videokameras. Die Tauchausfahrten erfolgen um 10.00 und um 14.00 Uhr, nachmittags als Flachtauchgang. Für die Ausfahrten steht ein schönes Tauchboot (11 m) für 16 Taucher zur Verfügung.
Öffnungszeit der Basis und des Shops sind täglich von 8.30–20.00 Uhr.
Als Service besteht die Möglichkeit, daß die Gäste von ihren Unterkünften abgeholt werden.

Unterkunft
Die Basis ist keinem Hotel angeschlossen, Unterkünfte können aber vermittelt werden.

Preise
Bei Enrico und Rocco gibt es keine offizielle Preisliste. Der Einzeltauchgang mit eigener Ausrüstung kostet ca. 4.000 Pts, mit Leihausrüstung von der Basis ca. 5.000 Pts. Preise für Prüfungsabnahmen, Kurse und Rabatte werden jeweils mit den Kunden abgesprochen.

Adeje, Playa Paraiso

Um zur nächsten Tauchbasis nach Playa Paraiso zu gelangen, orientieren wir uns zur Hauptstraße in Richtung Adeje. Hier ist die Straße nur noch streckenweise autobahnähnlich ausgebaut. Vor der mächtigen Kulisse des Teide und des Parque nacional de las Cañadas passieren wir Adeje zur Rechten, um einige Kilometer später nach links in Richtung Armeñime abzubiegen. Kurz darauf folgt zur Linken ein großes Hinweisschild nach Playa Paraiso.

11 Barakuda Tauch & Surf Club

Heinz Scheffler vom Barakuda Tauch & Surf Club ist sicherlich einer der Tauch-
pioniere auf Teneriffa, zumal seine Basis in der Hotelanlage Paraiso Floral schon
seit vielen Jahren besteht. Er weiß über alle taucherischen Ereignisse der Insel gut
Bescheid, ob es um die tödlichen Unfälle in der sagenumwobenen Höhle vor Playa
de las Americas geht oder darum, daß ihm ein Tauchlehrerkollege „seinen" Anker
einfach geborgen hat. Heinz Scheffler ist zugleich Surflehrer, nicht zuletzt deshalb
ist in der gleichen Räumlichkeit unter derselben Leitung eine Surfschule untergebracht.

Name:	Barakuda Tauch & Surf Club
Basisleiter:	Heinz Scheffler
Tauchlehrerqualifikation:	FST (Freie staatlich geprüfte Tauchlehrer), VDTL-, Barakuda/CMAS-, VDST- und SSI-Tauchlehrer mit allen Abnahmeberechtigun-gen
Anschrift, Tel., Fax:	Hotel Paraiso Floral, Playa Paraiso, Adeje, Tel. 00-34-22-740726/50, privat und Fax: 00-34-22-741881

Ausbildung: bis CMAS***, alle Stufen SSI und VDTL, alle Prüfungsabnahmen
Nächste Druckkammer: Universitätsklinik von Santa Cruz, Teneriffa
Kontaktpersonen in Deutschland: Buchungsstelle H. und H. Reisen, Kiel, Tel. 0431/553344, Fax 0431/553403, Barakuda Touristik, Tel. 0201/797747

Lage

Anfahrt von Los Christianos/Playa de las Americas s.o. Schon von weitem sieht man die Hotelanlage Paraiso Floral. Auch die Hotels Playa del Sur und Playa Oasis sind der Gesamtanlage angeschlossen. Um die Tauchbasis direkt zu erreichen, fährt man links um die große Hotelanlage des Paraiso Floral herum und sieht schon den Eingang zur Schwimmbadanlage des Hotels. Die Tauchbasis liegt direkt hinter dem Eingang und unmittelbar vor dem großen Salzwasserpool „El Lago" der Hotelanlage. Entfernung von Playa de las Americas 14 km und vom Südflughafen Reina Sofia 26 km.

Basis

Die Basis führt Heinz Scheffler seit 1979 in Zusammenarbeit mit jeweils mehreren Assistenten, die auch zum Teil Tauchlehrer sind. Sie ist mit 20 Komplettgeräten, 30 ABC-Ausrüstungen und den üblichen Sicherheitseinrichtungen ausgestattet. Die Flaschenanschlüsse sind DIN und INT. Durch ihre günstige Lage, die Basis ist auch unter Umgehung der Hotelanlage mit dem Auto zu erreichen, sind Land- und Bootstauchgänge mit gleichermaßen wenig Aufwand (Flaschen schleppen!) möglich.
Öffnungszeiten der Basis ganzjährig, täglich von 10.00–18.00 Uhr.

Tauchbetrieb

Getaucht wird von Land aus direkt an der Basis (von hier aus erreicht man leicht 10 Tauchplätze) und an einigen weiter entfernten Plätzen, die jedoch alle mit dem Kleinbus in 10 bis 20 min zu erreichen sind. Schlauchboote stehen ebenfalls zur Verfügung und werden nach Bedarf eingesetzt. Heinz beschreibt 20 verschiedene Tauchplätze für alle Leistungsstufen mit Wassertemperaturen um 20 Grad Celsius und Sichtweiten von über 50 m. Die schönsten Tauchplätze sind „Gorgonienriff", „Fiesta-Bucht" und „Am schlafenden Gorilla". Man sieht verschiedene Gorgonien, Anemonen und Schwämme, ferner Barsche in allen Variationen, Barrakudas, Muränen, Trompetenfische, Brassen, Oktopusse, Sepien, Rochen, Sandhaie und Bärenkrebse, mit etwas Glück auch Thunfische, größere Stachelmakrelen und Langusten. Der „Schlafende Gorilla", eine entsprechend aussehende Lavastruktur in Strandnähe, ist übrigens das Wahrzeichen der Basis.
Eine besondere Attraktion der Basis haben wir anläßlich einer Fotomeisterschaft selbst ausprobiert: Schnorcheln zwischen den Walen. Heinz fuhr mit interessierten Tauchern in Richtung Playa de las Americas und La Gomera, dort sieht man

mit 95 % Wahrscheinlichkeit einige der geschätzten 350 Pilotwale, die sich in den letzten Jahren über eine Ausdehnung von ca. 3 Seemeilen ständig in der Straße von Gomera befinden. Es ist schon ein außerordentliches Ereignis, sich mitten in einer Schule von Pilotwalen zu befinden und sie beim Auftauchen aus verschiedenen Richtungen blasen zu hören. Inzwischen ist das „Schnorcheln mit den Walen" offiziell verboten. Das Gerätetauchen mit den Walen war wegen der Wassertiefen von über 1000 m per Gesetz schon immer verboten. Uns sind leider nur die auf der folgenden Seite abgebildeten Aufnahmen vom Boot aus gelungen.

Unterkunft
Als beste Unterkunft bietet sich das Hotel Playa Paraiso an, eine sehr gute Anlage, die keine Wünsche offen läßt und besonders auch für Familien geeignet ist. Die Apartments in umliegenden Apartmentanlagen sind preislich günstiger. Heinz Scheffler und seine Lebensgefährtin Petra sind jederzeit unter obiger Telefonnummer bereit, bei der Suche nach Unterkünften zu helfen, wobei sie durchaus auf Vereine bzw. größere Gruppen eingestellt sind. Es lassen sich aber auch Komplettreisen über viele deutsche Reisebüros buchen.

Preise
Mit Ausrüstung der Basis kostet ein Block von 5 Tauchgängen (plus 1 Gratis-Tauchgang) ca. 250 DM, bei eigener Ausrüstung ca. 200 DM. Bei 10 Tauchgängen (plus 1 Gratis-Tauchgang) reduziert sich der Preis um rund 10 DM pro Tauchgang. Kurse vom Grundkurs Tauchen bis CMAS/DTSA Gold werden angeboten. Wichtig: Tauchtauglichkeitsbescheinigung vom Arzt ist für alle erforderlich!

San Juan

Von Playa Paraiso geht es weiter auf der küstennahen Straße nach Norden in Richtung San Juan, ein ehemaliges Fischerdorf. Den Ort lassen wir links liegen, um im Anblick der Küste auf der Calle La Marina an dem kleinen Sandstrand Playa de la Barrera vorbei zu den beiden Tauchbasen zu gelangen.

12 San Borondon Sub
San Borondon Sub ist eine hervorragend ausgestattete Tauchbasis, die seit 1996 unter der Leitung des Spaniers Sergio Garcia steht.

Name:	San Borondon Sub
Basisleiter:	Sergio Garcia
Tauchlehrerqualifikation:	FEDAS/CMAS**-Tauchlehrer
Anschrift, Tel., Fax:	Calle La Marina 10, E-38687 Playa San Juan, Guia de Isora, Tel./Fax 00-34-22-865100
Ausbildung:	FEDAS/CMAS*** und alle PADI-Stufen

Begegnungen mit den Grind- oder Pilotwalen gehören zu den Höhepunkten einer Bootsausfahrt.

Nächste Druckkammer: Universitätsklinik von Santa Cruz, Teneriffa
Kontaktpersonen in Deutschland: keine

Lage
Die Straße Calle La Marina biegt im Bereich des kleinen Hafens nach links hoch.
Die Hausnummer 10 ist das zweite Haus auf der linken Seite.

Basis
Die Basis ist für kanarische Verhältnisse sehr großzügig ausgestattet. Neben Toiletten, Umkleide- und Duschmöglichkeiten ist ein Tauchshop auch mit anderen Wassersportartikeln integriert. Der theoretische Unterricht findet in der „Aula" mit 30 Sitzplätzen statt.
Die ca. 30 kompletten Ausrüstungen sind fast neu, ein hoher Sicherheitsstandard mit Sauerstoffgeräten ist ebenfalls vorhanden. Es gibt einen leistungsstarken Kompressor und zwei Schlauchboote, die im Hafen liegen.

Tauchbetrieb
Getaucht wird vom Schlauchboot mit 50-PS-Motor, das für 8 Personen mit voller Ausrüstung Platz bietet. Die Tauchausfahrten sind zweimal täglich, können aber auch dem Bedarf entsprechend festgelegt werden. Die Ausfahrten zu den Tauchplätzen dauern 10–20 min. Es werden folgende Tauchplätze angefahren:

Cueva de la abundancia (Höhle des Überflusses). Diese Höhle ist ca. 7 m lang und 20 m breit. Ihren Namen hat sie von dem reichen Fischvorkommen, hauptsächlich Stachelrochen und Makrelen. Die Höhlenwände sind mit Spalten und Nischen versehen, in denen man Langusten und Muränen antrifft. Tauchtiefe 15 m, UW-Lampe nicht vergessen, interessant für Fotografen.

Cueva de los cerebros (Höhle des Gehirns). Diese Höhle ist von großem biologischen Interesse. Wegen der besonderen Licht- und Temperaturverhältnisse mit großen Kalkschwämmen bewachsen, die in ihrer Formation wie die Windungen des Gehirns aussehen. Diese Schwämme sieht man im Atlantik sonst nur in Tiefen von 100–200 m, hier kommen sie in 10 m Wassertiefe vor. Die Höhle ist sehr breit, ein Eldorado für den Makrobereich der Fotografen. Tauchtiefe 17 m, UW-Lampe nicht vergessen. Sergio nimmt hierhin nur Taucher mit, die die Tarierung makellos beherrschen.

La Tichera. La Tichera ist eine 15 m breite und 250 m lange Lavazunge, die wie eine Wand ins Meer ragt, die Seiten fallen bis auf 36 m steil ab. In den Wänden sind zahlreiche unterschiedliche Muränenarten und Kleinlebewesen. Anemonenvorkommen in verschiedenen Farben. Tauchtiefe 12–36 m.

Santa Marta. Einer Felsspitze folgend kreuzt man einige Felsbögen und erreicht einen großen Unterwasserberg mit Fischschwärmen. Die schwarzen Vulkanfelsen geben zusammen mit dem weißen Sandboden interessante Lichteffekte. Tauchtiefe 18 m.

Alcala Cabezos. Dieses Tauchrevier besteht aus drei in verschiedenen Tiefen liegenden Felsplatten. (Platz 1: Oberkante 2 m, Grund 22 m, Platz 2: Oberkante 14 m, Grund 28 m, Platz 3: Oberkante 7 m, Grund 35 m). Das Fischvorkommen ist groß und unterschiedlich entsprechend der verschiedenen Tauchtiefen. Schöner Kontrast zwischen schwarzem Lavagestein und weißem Sand. Zahlreiche schwarze Korallen. Tauchtiefe 2–35 m.

Punta Blanca. Diesen Tauchplatz hält Sergio für einen der besten der Insel. Die Vielfalt der Anemonen und Korallen sowie unzählige Fische der verschiedensten Art begeistern jeden Taucher aufs neue. Der Tauchgang geht entlang einer großen Spalte, deren höchster Punkt auf 15 m liegt, der Grund liegt bei 25 m. Tauchausbildung wird nach den Richtlinien von FEDAS/CMAS gemacht, durch den österreichischen Assistenten August Letonja („Gustl") ist auch die PADI-Ausbildung möglich.

Unterkunft

Unterkünfte sind in dem kleinen Ort San Juan zwar möglich, aber nicht sehr zahlreich und auch nicht sehr komfortabel. Die Basis bietet ab 2 oder 3 Personen einen aufwendigen kostenlosen Fahrdienst in die benachbarten Orte wie Los Christianos, Ten Bel (Las Galletas) und Los Gigantes an.

Preise

Ein Tauchgang mit Ausrüstung der Basis kostet ca. 4.800 Pts, mit eigener Ausrüstung ca. 1000 Pts weniger. Bei 10 Tauchgängen reduziert sich der Preis um ca. 800–1000 Pts pro Tauchgang. Im Preis enthalten sind Boot, Tauchführung, 12 l-DTG, Blei und evtl. Schulausrüstung. Gruppen über 4 Personen bekommen 10 % Ermäßigungen, Familien (mindestens 2 Personen) 15 %, bei Gruppen über 10 Personen gibt es weitere Nachlässe.

Spezialangebot: Leihwagen für 3 Tage (mindestens 3 Personen) zusammen mit einem Tauchkurs ab je 45.000 Pts/Person.

Die Preise der verschiedenen Kurse und zahlreichen Spezialbrevets, wie etwa „Fotografieren" oder „Naturalist", reichen von 6000–120.000 Pts.

Für die Kurse sind 3 Paßfotos mitzubringen. Im Kurspreis enthalten sind Logbuch, Zertifikat, Tauchtabelle, gesamte Ausrüstung, Versicherung und Fahrten zu den Tauchplätzen.

13 Solo Buceo

Solo Buceo ist eine kleine, von 2 Einheimischen geführte Tauchbasis im Bereich der Hafenanlage von San Juan, keine 50 m von der Basis San Borondon Sub (11) entfernt.

Name:	Solo Buceo
Basisleiter:	M. Carrillo und P. Teruel
Tauchlehrerqualifikation:	FEDAS/CMAS**-Tauchlehrer
Anschrift, Tel., Fax:	E-38687 Guia de Isora, Playa San Juan, Tel. 00-34-22-865900, Fax: 00-34-22-100959
Ausbildung:	FEDAS/CMAS***
Nächste Druckkammer:	Universitätsklinik von Santa Cruz, Teneriffa
Kontaktpersonen in Deutschland:	keine

Lage

Hat man auf der Calle La Marina den kleinen Hafen mit Sandstrand erreicht, so liegt die Basis direkt hinter der Kurve und unmittelbar vor der Basis San Borondon (11).

Über Basis und Tauchbetrieb können wir keinen Kommentar geben, da wir die Basis nicht besichtigen konnten. Die Basis ist sehr klein und wohl hauptsächlich für ausgebildete Taucher geeignet. Im Prospekt heißt es: „Die 10 Meilen Küstenlinie bieten mehr als 20 der höchstinteressantesten Tauchstellen der Insel in ruhigen Wassergebieten mit wunderschönen Lagen. Genießen Sie die Tier- und Pflanzenwelt des Atlantischen Ozeans in Begleitung eines erfahrenen Ausbilders."

Unterkunft

Reservierung von Wohnungen und Mietautos: DELMAR-DELSOL, Calle Flor de Pascuas 33, 38683 Los Gigantes, Santiago del Teide, Tel. 00-34-22-100120, Fax 00-34-22-100959.

Preise

Ein Tauchgang mit Ausrüstung der Basis kostet ca. 4.500 Pts, mit eigener Ausrüstung ca. 1000 Pts weniger. Bei 10 Tauchgängen reduziert sich der Preis um ca. 1000–1500 Pts pro Tauchgang.

Los Gigantes

Nach Los Gigantes gelangen wir von San Juan aus unten an der Küste entlang über Alcala und weiter an dem romantischen Strand Playa de la Arena vorbei. Die wuchtigen ca. 500 m aus dem Meer ragenden Felsen von Los Gigantes gehören zu einer der Sehenswürdigkeiten der Insel. Es gibt einen vor der Brandung geschützten Hafen und einen ebenso geschützten kleinen, schwarzen Sandstrand.

Aus dem Ort ist inzwischen ein riesiges Touristenzentrum geworden, das vorwiegend in englischer Hand ist.

14 Los Gigantes Diving Centre

Die ursprünglich von Rolf Schweizer in der jetzigen Form eingerichtete Tauchbasis in Los Gigantes ist nach dessen Unfalltod schon 1990 von dem englischen Ehepaar John und Sheila Punton übernommen worden. Seit 1993 ist sie offizielle BSAC-Tauchschule und seit 1993 PADI-5-Star-Zentrum.

Name:	Los Gigantes Diving Centre
Basisleiter:	John und Sheila Punton
Tauchlehrerqualifikation:	Beide sind BSAC/CMAS und PADI-5-Star-Instructor
Anschrift, Tel., Fax:	Box 41, Los Gigantes, Tenerife. Tel./Fax 00-34-22-100431
Ausbildung:	BSAC/CMAS*** und PADI alle Stufen
Nächste Druckkammer:	Universitätsklinik von Santa Cruz de Tenerife
Kontaktpersonen in Deutschland:	Tauchschule Aqualand, Mainz, Tel./Fax 06131/223397

Lage
Aus allen Richtungen kommend folgt man von der Hauptstraße aus dem Wegweiser nach Los Gigantes. In der groben Richtung zum Hafen geht es schließlich nach links in die Avenida Maritima, in der sich die Tauchbasis befindet (siehe Lageplan).
Nach Playa de las Americas fährt man 30 min, bis zum Flughafen 45 min.

Basis
Die Basis liegt direkt neben der von Rolf Schweizer geschaffenen „Taucherhöhle", die die Engländer „Divers Cove" nennen mit Bar und Bistrobetrieb oder einfach nur zum Dekomprimieren.
Alle Sicherheitsvorrichtungen sind vorhanden, Sauerstoffapplikation ist möglich. Das Tauchschiff liegt im Hafen von Los Gigantes, es hat Platz für 12 Taucher mit entsprechender Ausrüstung. Für Interessenten kann eine Unterwasser-Videoanlage zur Verfügung gestellt werden. Ein größeres Tauchschiff mit einem weiteren Kompressor liegt im Hafen von Los Gigantes.

Tauchbetrieb
Getaucht wird vor der wirklich gigantischen Kulisse von Los Gigantes, wo sich die schon als achtes Weltwunder bezeichnete steile Felswand 500 m nahezu senkrecht aus dem Meer erhebt. John und Sheila haben spezielle Tauchplätze für Anfänger, nicht tiefer als 10 m, ansonsten wird sowohl vom Boot wie auch von Land getaucht, und zwar zweimal täglich. Es werden ca. 20 verschiedene Tauch-

Rechts oben: Die riesigen Augen kennzeichnen vorwiegend nachtaktive Arten. Oben links: Papageienfisch (Sparisoma cretense). Unten: Das Große Petermännchen (Trachinus draco) ist besonders angriffslustig.

plätze angefahren mit Tauchtiefen von 10–40 m. Bei Los Gigantes gibt es wenig
Korallenwachstum, jedoch ist die vulkanische Unterwasserlandschaft mit schrof-
fen Felsstrukturen, Höhlen und Überhängen ein guter Ersatz dafür. Die Sichtweiten liegen im Durchschnitt um 20 m. Die wichtigsten Tauchplätze sind:
Punta Blanca, ein Tauchplatz, der auch von den Basen in San Juan angefahren
wird und schon dort als einer der schönsten der Insel beschrieben wurde.
Las Cuevitas, kleine Höhlensysteme unterhalb des riesigen Gigantes-Felsen, in
denen man regelmäßig Rochen und Bärenkrebse sieht. Tauchtiefe bis 15 m.
Baranco secco, ein Tauchgebiet mit eindrucksvollen Lavaformationen (Tunnel
und Torbögen) und Fischreichtum bis zu einer Wassertiefe von 25 m.
Atlantis, weil erodierte Lavastrukturen an die versunkene Stadt Atlantis erinnern.
Robertos Reef, bestehend aus wild strukturierten Lavamassen mit Spalten, in
denen Muränen und Kleinlebewesen zu sehen sind, aber auch Anemonen, Stachelrochen und gelegentlich große Zackenbarsche. Tauchtiefe bis 30 m.
Als Schutz vor Unterkühlung empfehlen die Puntons im Sommer Naßtauchan-
züge 3–5 mm, im Winter 5–7 mm, Trockentauchanzüge sind nicht erwünscht, aber
auch nicht erforderlich; denn die Lufttemperaturen sinken auch im Winter selten
unter 20° Celsius.
Die Tauchausbildung ist ganz auf PADI eingestellt, jedoch können durch die
Zugehörigkeit zum Britischen Subaqua Club (BSAC) auch CMAS-Brevets ange-
nommen werden.

Unterkunft
Die Basisinhaber bieten in ihrem Prospekt und auch in der mündlichen Rück-
sprache mit uns ausdrücklich die Vermittlung von Apartments für 2, 4 und 6 Personen im Bereich von Los Gigantes an. Ein 2 Personen-Studio kostet z. B. im Mai
ca. 2.900 Pts, im Dezember ca. 3.900 Pts pro Tag. Die Selbstversorgung ist denk-
bar einfach, weil große Supermärkte (Supermercado) am Ort sind. Selbstver-
ständlich sind auch Hotelbuchungen über Reisegesellschaften möglich.

Preise
Ein Tauchgang mit Ausrüstung der Basis kostet ca. 5000 Pts, mit eigener Ausrüstung ca. 1000 Pts weniger. Bei 10 Tauchgängen reduziert sich der Preis um rund
1200 Pts pro Tauchgang. Schnuppertauchgänge bekommt man für ca. 5000 Pts,
für die verschiedenen Kurse von PADI Open Water bis Divemaster liegen die
Preise um die 44.000 Pts.
Als Druckkammerabgabe werden 1.000 Pts verlangt. In den Zeiten zwischen
1. Mai bis 15. Juni und 1. Oktober bis 20. Dezember gibt es für Gruppen ab 4 Tauchern einen Rabatt von 10 %.
Im Bereich der gesamten Nordküste gibt es außer der Atlantik Tauchschule in
Puerto de la Cruz keine weitere Tauchbasis mehr, so daß wir nun unsere Fahrt
zurück nach Puerto de la Cruz beginnen. Es bieten sich zwei Möglichkeiten an:

entweder die Fahrt über den Teide bzw. die Las Cañadas zum Orotava-Tal nach Orotava und Puerto de la Cruz oder über Santiago del Teide, El Tanque und Icod de los Vinos nach Puerto de la Cruz. Beide Strecken sind sehr kurvenreich und mit starken Steigungen versehen, so daß man höchstens eine Durchschnittsgeschwindigkeit von 30 km/h erreichen kann.

Die mühselige Strecke über den Teide (3717 m) wird belohnt mit fantastischen Aussichtspunkten auf die Nachbarinsel La Gomera, den Pico del Teide und die bizarre Mond- und Kraterlandschaft der Las Cañadas. Las Cañadas bedeutet Kessel oder Krater. Der Name bezieht sich darauf, daß vor Ausbruch des Vulkans Teide, der jüngeren Datums ist, das gesamte Gebiet der Las Cañadas die Form einer Kuppel hatte, die höchste Erhebung Teneriffas. Durch vulkanisches Geschehen kam es schließlich dazu, daß diese Kuppel durch eine mächtige Explosion des Vulkans Teide zerbrach und zusammensackte. Dadurch entstand ein Gebiet mit einer ovalen Ausdehnung, dessen Durchmesser 10 x 16 km mißt und einen Umfang von 75 km hat. Seit 1954 ist dieses gesamte Gebiet zum Nationalpark erklärt worden.

Der andere Weg führt über Santiago del Teide, von dort sollten Sie unbedingt einen Abstecher über die inzwischen gut ausgebaute Straße zu dem Bergdorf Masca vornehmen. Masca ist ein kleines kanarisches Bergdorf, das auf der letzten Strecke nur zu Fuß erreicht werden kann, aber der Weg lohnt sich. In dem kleinen Gasthof sitzt man draußen und kann typisch kanarische Speisen und offenen Wein aus der Umgebung genießen (Masca liegt ca. 5 km von Santiago del Teide entfernt). Weiter geht die Fahrt vorbei an einem schönen Aussichtspunkt auf Garachico nach Icod de los Vinos, wo Sie unbedingt den ältesten Baum der Welt sehen sollten. Der Drachenbaum ist nach neueren Bestimmungen nicht 5000, sondern nicht viel älter als 1000 Jahre alt (folgen Sie den Hinweisschildern in Icod de los Vinos!). Die nun folgende Fahrt nach Puerto de la Cruz bietet herrliche Aussichten auf die Küste. Vergessen Sie nicht, in eine der kleinen Bars an der Straße einzukehren und „Puchero" zu genießen, einen typisch kanarischen Eintopf mit Kichererbsen, verschiedenen Gemüsen, Knoblauch und Fleisch. Dazu paßt immer wieder der lokale Rotwein, der allerdings nicht billig ist.

Falls Sie zur Entsättigungspause noch einen Tag frei haben, empfehlen wir einen Ausflug über den Kamm des Anaga-Gebirges über Taganana bis zur Playa de Benijo. Von hier genießen Sie einen herrlichen Blick auf das bizarre Küstengebirge und auf das Anagagebirge. Vor dem schwarzen Sandstrand gibt es zwei kleine Restaurants, die hervorragenden frischen Fisch und „Conejo" (Kaninchen) in Weißweinsauce anbieten.

La Palma

San Miguel de la Palma, das so heißt, weil die spanischen Eroberer am Tag des heiligen Michael die Insel betraten, gehört zu den „Kleinen Kanaren". Mit 80.000 Einwohnern auf einer Fläche von 726 km² ist sie die am dichtesten besiedelte Insel. Die Einheimischen nennen sie „isola bonita", die schöne Insel und wegen der üppigen Vegetation „isola verde", die grüne Insel. Beeindruckend sind die relativ zur Fläche gewaltigen Gebirge, die von der Küste aus stufenweise ansteigen und mit ihrem höchsten Berg, dem Roque de los Muchachos, eine Höhe von 2.426 m erreichen. Das Zentrum der Insel wird von einem riesigen Senkkrater gebildet, der Caldera de Taburiente mit einem Durchmesser von 9 km.
Das Wetter bestimmen – wie auch auf den anderen Kanareninseln – die Passatwinde. Die Passatwolken bleiben an der östlichen Seite der hohen Bergkämme hängen und sorgen auf der Ostseite der Insel für reichlich Niederschläge. Im Süden und Westen ist dagegen Sonne garantiert.
Findet man auf La Palma auch keine langen gelben Sandstrände wie auf Gran Canaria oder Fuerteventura, so kommt der Erholungssuchende an den schwarzen Sandstränden von Puerto Naos im Westen oder an der Playa de los Cancajos bei Breña Alta auch auf seine Kosten. Für Taucher und nichttauchende Begleitung gibt es Badegelegenheiten in vielen kleinen Buchten im Süden, die meist auch gute Tauchplätze sind.
Für Naturliebhaber und Wanderer stellen der Roque de los Muchachos und andere Erhebungen der Caldera beliebte Ziele dar; denn man wird mit einem phantastischen Panoramablick belohnt. Die Caldera de Taburiente ist 1954 offiziell zum Nationalpark erklärt worden.
Die Landwirtschaft exportiert Bananen und Tabak. Das Baugewerbe ist hauptsächlich den eigenen Bedürfnissen angepaßt (Erdbewegungen, Terrassenbildung, Wasserkanäle und Wasserspeicherbecken); denn der Tourismus und die damit verbundenen Erwerbszweige sind gegenüber den großen Inseln noch wenig entwickelt. Aufgeschreckt durch die negative Entwicklung auf den großen Inseln hat die Separatistenbewegung „Trepic Awanak" (Kinder der Erde) gegen die geplante Belebung des Tourismus mit Erhöhung des Bettenangebotes von jetzt 4.000 auf 80.000 protestiert, weil sie darin eine Gefahr für ihre schöne grüne Insel sieht. Die Inselverwaltung will nun einen niveauvollen Individualtourismus aufbauen, der die Bettenkapazität auf 20.000 beschränken soll.

Garafina

Barlovento

Los Sauces
San Andres

Puerto Espindola

Fuente de la Zarza

CALDERA DE
TABURIENTE

Puntagorda

Observatorium

La Galga

*Playa
Nogales*

2247 m
Pico de las Nieves

Puntallana

SANTA CRUZ
DE LA PALMA

❶

Time 584 m

Los Llanos
de Aridane

Breña Alta

○ *Mirador de la
Conception*

○ *Mirador
el Time*

El Paso

❹

*Playa de los
Cancajos*

❷

Tazacorte

Breña Baja

San José

La Laguna

Ermita de
San Nicolas

Mazo

Puerto Naos

Cueva Belmaco ○
Malpaises

❸

Charco Verde

Tigalate

Monte de Luna

A
T
L
A
N
T
I
S
C
H
E
R

O
Z
E
A
N

Las Indias

Las Caletas

Fuencaliente

Los Quemados

N

km 0 — 3

LA PALMA

Tauchen

„Spaß mit dem Meer auf der grünen Kanaren-Insel" nannte Konrad Weiß, einst der einzige Tauchbaseninhaber auf der Insel, seinen Prospekt, den wir zur Erinnerung an ihn wörtlich zitieren:

„Tauchen um La Palma heißt Tauchen im offenen Atlantik. Da die Dünung schon wenige hundert Meter vor der Küste recht grob ist, tauchen wir grundsätzlich von Land aus. Das erspart obendrein zeitraubende Bootsfahrten, nach denen die Hälfte der Besatzung seekrank ist. Es gibt nichts Wichtigeres im Tauchbetrieb als die Sicherheit der Gäste – besonders durch einen problemlosen Ein- und Ausstieg am Tauchplatz. Die Einstiege auf La Palma sind stets kleine Strände um die Südspitze der Insel, hinter denen schnell dramatische, vulkanisch geformte Riffe abfallen. Ob das Flachwasser-Aquarium für den Anfänger oder der Turm der Zackenbarsche, der schwierigste Tauchgang für erfahrene Fans des Big Blue, überall finden Sie intakte subtropische Lebensräume. Wahrzeichen: die schwarze Koralle. Es gibt wohl keinen Platz auf der Welt, wo sie so häufig ist wie hier. Dazu kommen weitere Korallenarten sowie Haar- und Federsterne, Zylinderrosen und Anemonen. In den Spalten finden sich oft Putzergarnelen oder Gespensterkrabben.

Beinahe ebenso typisch wie die schwarze Koralle: die vielen Vertreter der Barsch-Familie, vor allem Wrack- und Zackenbarsche in Familien bis zu 80 Tieren. Selbst der seltene Capitan, ein gelb-orange leuchtender Zacki, stattet den Tauchern regelmäßig einen Besuch ab. Barrakudas, die gesamte Brassen-Familie, Drücker-, Trompeten-, Kugel- und Kofferfische, verschiedene Muränen, Drachenköpfe sowie Stachel- und Adlerrochen gehören ebenfalls zu den häufigen Vertretern der palmerischen Unterwasserwelt. Zuweilen ziehen im Frühjahr und Sommer auch große Mantas vorbei. Haibegegnungen kommen hin und wieder ebenfalls vor. Neuerdings ebenfalls in einer kleinen Bucht La Palmas heimisch: die tropische Kußmaul-Seeschlange, das giftigste Tier der Welt, für Taucher aber ungefährlich."

An dieser Situation hat sich bis heute nichts geändert.

Tauchbasen

Es gibt inzwischen vier Tauchbasen auf der Insel. Der ehemalige „nur" Geräteverleih „Tauchpartner" für Taucher, der sich nicht in die Obhut einer Tauchbasis begeben wollte, ist inzwischen in eine Tauchbasis umgewandelt worden.

Besonders zu beachten: Tieftaucher müssen die Dekompressionsregeln hier peinlich genau beachten; denn die Rückfahrt geht wiederum häufig durch das Gebirge (El Paso z. B. liegt 650 m hoch!). Es kann hier leicht zum Dekompressionsunfall kommen, auch wenn sonst beim Tauchen keine Fehler begangen wurden. Machen Sie vor Antritt der Rückfahrt eine längere Pause. Ganz sicher gehen Sie, wenn bei Ihrem Computer das Zeichen „no flight" erloschen ist.

El Paso

El Paso ist mit seinen 7000 Einwohnern ein kleines, verträumtes Städtchen, das die Gäste besonders anzieht, nicht zuletzt wegen der hier liegenden ältesten Tauchbasis der Insel, die allerdings als Tauchbasis inzwischen nach Los Llanos (Nachbarort von El Paso) verlegt ist. El Paso liegt fast genau im Inselinnern und ist bekannt wegen seiner Zigarettenfabrik, der Seidenraupenzucht, die allerdings heute nur noch von einigen Hobbyzüchtern betrieben wird, mit der entsprechenden Seidenmanufaktur (heute kommen die Rohstoffe aus Japan), der Zigarrenherstellung und seiner landschaftlichen Lage im Tal von Aridane. Wirtschaftlich bedeutend sind für diese Gegend die landwirtschaftlichen Erzeugnisse Mandeln und Avocados. Wir haben El Paso im Januar/Februar besucht und dabei die herrliche Mandelblüte erlebt.

Los Llanos de Aridane

Die neue Heimat der Tauchbasis Taucher-Treff La Palma ist Los Llanos de Aridane, ein sauberes und gepflegtes Städtchen und mit 16.000 Einwohnern die zweitgrößte Stadt der Insel nach Santa Cruz de la Palma. Sie liegt auf dem erloschenen Vulkan Teguese inmitten einer terrassierten Talebene auf der Sonnenseite der Insel, umgeben von grünen Bananenplantagen. Den Mittelpunkt bildet die belebte Plaza de España. Ganz in der Nähe liegt die einzige Sehenswürdigkeit des Ortes, die Kirche Iglesia Nuestra Señora de los Remedios, 1517 erbaut und inzwischen mehrfach restauriert. Anschauen sollte man die flämische Madonna der Hilfe aus dem 16. Jahrhundert und das der Kirche angeschlossene kleine Kirchenkunstmuseum.

1 Taucher-Treff La Palma S.L.

Die ehemals von Konrad Weiß („Konni") gegründete Basis wurde seit seinem Tod 1993 zunächst von seiner Ehefrau Hella Weiß weitergeführt. Jetzt haben die Deutschen Harald Soyka und Heinz Clewer die Basis übernommen und sie gleichzeitig nach Los Llanos de Aridane verlegt.

Name:	Taucher-Treff La Palma S.L.
Basisleiter:	Harald Soyka und Heinz Clewer
Tauchlehrerqualifikation:	Padi, SSI und Barakuda/CMAS-Tl**
Anschrift, Tel., Fax:	Caminolos Tijaraferos 33, E-38760 Los Llanos de Aridane, La Palma, Tel. 00-34-22-463390, p 46320, Fax 461266. Büro in Puerto Naos, Tel. 00-34-22-408345
Ausbildung:	PADI, SSI und Barakuda/CMAS***, Spezialkurse

Nächste Druckkammer: Universitätsklinik von Santa Cruz, Teneriffa
Kontaktpersonen in Deutschland: Harald Soyka, Tel. 0234/9490346, Fax 0234/9490345 und Heinz Clewer, Tel. 02151/43292, Fax 02151/480698

Lage
Die Tauchbasis erreicht man von Santa Cruz de la Palma über El Paso. Im Ort angekommen, hält man sich nach rechts (s. auch Stadtplan). Die Basis liegt auf einer Anhöhe Camino los Tijaraferos 33 mit einem herrlichen Panoramablick auf das Aridanetal und den Atlantik.

Basis
Die Basis ist modern und hervorragend ausgestattet mit 30 neuen Komplettausrüstungen von Beuchat. Ein eigener Pool ist für die Anfängerausbildung angeschlossen. Erwähnenswert sind ein neuer Tauchbus und ein Schlauchboot mit starkem Motor.

Tauchbetrieb
Wegen der großen Entfernungen findet in der Regel nur eine Ausfahrt täglich zu den Tauchplätzen statt. Zwei Tauchgänge sind möglich, wenn die entsprechenden Flaschen im neuen Tauchbus mitgenommen werden. Man trifft sich zur abgesprochenen Zeit am Tauchertreff, um dann nach Zusammenpacken des Tauchgerödels die um die Südspitze liegenden Tauchplätze anzufahren. Die Entscheidung, ob an der Ost- oder Westküste getaucht wird, trifft man bei dem hochgelegenen Ort Fuencaliente; denn von dort kann man das Meer allseits überschauen. Zeigt die deutliche Trennlinie die Dünung im Westen (Schaumkronen), taucht man im Osten oder anders herum. Nichttauchende Begleitpersonen können an den allerdings nicht komfortablen kleinen Vulkansandstränden um die Tauchplätze baden oder sich der Sonne aussetzen. Andererseits ist es ab sofort möglich, mit dem neuen Schlauchboot mit starkem Motor Tauchplätze zu erreichen, die sonst nicht zugänglich sind.

Unterkunft
Die Unterkunft wird von der Basis vermittelt. Alle Unterkünfte auf der Tauchbasis (3 Objekte für insgesamt 11 Personen) sind komplett ausgestattet, Handtücher und Bettwäsche werden gestellt. Die angeschlossene Schwimmbadanlage ist für die Gäste kostenlos. In unmittelbarer Nachbarschaft der Tauchbasis werden weitere Apartments vermittelt für bis zu 12 Personen.
Ist man in den Ferienzentren Los Cancajos oder Puerto Naos untergebracht, ist ein Leihwagen unerläßlich.
Die Preise für die Unterkunft sind ca. 30 DM pro Person pro Tag, Kinder bis zu 6 Jahren sind frei, Kinder bis zu 12 Jahren erhalten 50 % Ermäßigung.

Der berühmte Leuchtturm im Süden von La Palma.

Tauchplätze zwischen Lavagestein.

Mietwagen (PKW, Motorräder, Jeeps und Minibusse) werden vermittelt, das gewünschte Fahrzeug steht dann am Flughafen für den Gast bereit.

Preise
Ein Tauchgang mit Ausrüstung der Basis kostet ca. 69 DM, mit eigener Ausrüstung (außer DTG und Blei) ca. 38 DM. Bei 10 Tauchgängen reduziert sich der Preis ein wenig. Einen Schnuppertauchgang bekommt man für ca. 40 DM. Die Preise der verschiedenen Kurse und Spezialbrevets liegen zwischen 120 und 970 DM. Die Specials werden je nach Verfügbarkeit in Absprache durchgeführt.

Tazacorte

Das 6.000 Einwohner zählende Dorf liegt ca. 28° N, wodurch die folgende Tauchbasis ihren Namen hat. Hier landete 1492 der Eroberer Fernandez de Lugo, um die Insel für den spanischen König zu gewinnen. Die Bevölkerung lebt vom Bananenanbau und Fischfang (Barrakudas und Mero). Sehenswürdigkeiten sind die Kirche Nuestra Señora de los Remedios mit einem schönen barocken Hochaltar und die Cueva bonita, eine schöne, nur vom Meer aus zugängliche Höhle, die man in ca. einer Stunde Bootsfahrt allerdings nur bei Ebbe besichtigen kann. Ein schönes Meerwasserschwimmbad ist gerade fertiggestellt, ein kleiner Freizeithafen ist in der Planung.

2 Atlantik 28° N, Centro de Buceo
Diese von Patrick Bertrand und Nora Reichenstein geführte Tauchbasis ist erst seit 1997 in Betrieb. Sie ist noch im Aufbau begriffen, deshalb existiert auch noch kein Firmenprospekt.

Name:	Atlantik 28° N
Basisleiter:	Patrick Bertrand und Nora Reichenstein
Tauchlehrerqualifikation:	VDST-Tl**, FFESSM**,PADI Instructor
Anschrift, Tel., Fax:	Calle el Puerto 10, E-38779 Tazacorte, La Palma, Tel./Fax 00-34-22-480911, mobil 00-34-09-587280
Ausbildung:	VDST/CMAS, FFESSM und PADI
Nächste Druckkammer:	Universitätsklinik von Santa Cruz, Teneriffa
Kontaktpersonen in Deutschland:	Sehmeile-Optik, Hummelbütteler Markt 28, 22339 Hamburg, Tel./Fax 040/5383377

Lage
Von Los Llanos in Richtung Puerto Naos nimmt man den ersten Abzweig nach rechts in Richtung Tazacorte. Dort orientiert man sich zum Hafen (Puerto Tazacorte) und fährt bis zum Ende der Straße Calle el Puerto. Die Basis liegt dann

direkt gegenüber den übrigens sehr empfehlenswerten Fischrestaurants, 30 m vom Wasser entfernt.

Basis
Die Basis ist ganz neu eingerichtet. Sie verfügt über 12 komplette Ausrüstungen, einen Landrover und ein sehr engagiertes Tauchlehrerpaar, das immer erreichbar ist und sehr individuelles Tauchen garantiert.

Tauchbetrieb
Getaucht wird grundsätzlich von Land, bei Bedarf kann aber auch ein Boot besorgt werden. Wie auch die anderen Basen, fahren sie die schönsten Tauchplätze im Süden der Insel an. In der Regel fährt man mit dem Landrover nur einmal aus, um dann nach zwei Tauchgängen wieder zurückzukehren. Als besondere Leistung bieten sie einen „Shuttle"-Service für Taucher an, die ohne eigenen PKW bzw. ohne Leihwagen unterwegs sind, d. h. sie holen die Tauchgäste auf Wunsch von zu Hause ab und bringen sie nach dem Tauchen wieder heim.

Unterkunft
Unterkünfte und Mietwagen können von der Basis vermittelt werden. Es ist auch eine Unterkunft direkt neben der Basis inzwischen fertiggestellt.

Preise
Ein Tauchgang mit Ausrüstung der Basis kostet ca. 54 DM, mit eigener Ausrüstung ca. 37 DM. Bei 10 Tauchgängen reduziert sich der Preis um ca. 3–5 DM. Tauchkurse sind zwischen 350 und 525 DM zu haben. Auf Prüfungs- und Nachttauchgänge wird ein Aufschlag von 15 DM erhoben, Spezialkurse kosten 150 DM plus Prüfungstauchgang.

Puerto Naos

Puerto Naos gehört postalisch zu Los Llanos. Es ist ein kleiner Fischereihafen mit 800 Einwohnern unterhalb von Los Llanos. 2 km südlich liegt der schöne Badestrand Charco Verde.

3 Tauch Partner La Palma
Tauch Partner La Palma verstand sich zunächst nicht als Tauchbasis im herkömmlichen Sinn, sondern als „das, was der Name sagt", wie es im Prospekt heißt. In der Zwischenzeit ist auch eine regelrechte Tauchbasis daraus geworden. Besitzer sind das deutsche Paar Doris Palmer und Axel Schweinberger in Puerto Naos. Sie sind seit 1982 auf der Insel.

Axels Kommentar zum Tauchen auf La Palma: „Tauchen auf La Palma? Es ist zwar nicht das Rote Meer oder die Malediven, aber La Palma hat seinen besonderen Reiz, sagen zumindest Taucher, die schon hier und dort waren. Und man kann auf der grünen Insel vor allem auch Familienurlaub machen und trotzdem tauchen, denn hier gibt es für jeden etwas. Taucherisch beeindruckt La Palma neben dem sauberen Wasser vor allem durch seine einmalige Unterwasserlandschaft. Der vulkanische Sockel, auf dem La Palma steht, fällt schnell auf 3.000 m und mehr ab, und die jüngeren Lavaströme (der letzte Vulkanausbruch war 1971) haben bizarre Formen in die Unterwasserwelt gezaubert. Es gibt zahlreiche Steilwände mit Lava-Torbögen, Spalten, Überhängen und Canyons, und überall lebt es. In den vielen Ritzen lauern Muränen mit ihren roten Putzergarnelen, man sieht Bärenkrebse und Seeanemonen. Die Zackenbarsche beäugen mißtrauisch den Eindringling, und der Adlerrochen gleitet gemächlich in die blaue Tiefe. Ab 30 m Wassertiefe begegnet man dann den großen Zackenbarschen oder schwarzen Korallen und vielem mehr. Mit etwas Glück sieht man auch mal einen Manta, Hai, Barrakudas oder große Thunfische. Aber jede Menge kleinere, bunte Fische, Krustentiere, Schnecken und Fischschwärme, die im Gegenlicht der Sonne einen fast das Atmen vergessen lassen. La Palma ist nicht gerade das einfachste Tauchgebiet. Es wird hier meistens von Land aus getaucht, denn im Winter kann der Atlantik schon mal recht aufgewühlt sein. Aber Axel, Euer ‚Tauch Partner', taucht seit 1983 hier und weiß, was geht und was nicht. Unter Umständen nimmt man den Deko-Drink eben so ein oder macht eine kleine Inselrundfahrt."

Name: Tauch Partner La Palma
Basisleiter: Axel Schweinberger und Doris Palmer
Tauchlehrerqualifikation: VDTL-Tl*, ACUC-Tl* und FEDAS/CMAS-Tl*
Anschrift, Tel., Fax: Carretera 438,E- 38760 Puerto Naos, Tel./Fax 00-34-22-408139
Ausbildung: VDTL, FEDAS/CMAS
Nächste Druckkammer: Universitätsklinik von Santa Cruz, Teneriffa
Kontaktpersonen in Deutschland: Joachim Werner, Tauch Partner Ravensburg, Tel. 0751/33352

Lage
Die Basis liegt in einem Neubau auf der Carretera 438, direkt am Ortseingang von Puerto Naos. Man erreicht sie von Los Llanos aus über eine Serpentinenstrecke direkt zum Hafen.

Basis
Es handelt sich um eine große Basis, an die auch ein gut ausgestattetes Tauchgeschäft unter der Geschäftsführung von Doris Palmer angegliedert ist. Es sind 40 Komplettausrüstungen in gutem Zustand vorhanden, ferner Tauchfahrzeug und

Tauchboot. Angeboten werden auch Bootsausflüge, geführte Wanderungen, Busausflüge, Reiten, Gleitschirmfliegen, Motorradfahren und vieles mehr.

Tauchbetrieb
Es werden grundsätzlich zwei Tauchgänge täglich angeboten, wobei die Tauchplätze vorwiegend im Süden der Insel liegen. Nachttauchgänge sind dort bei den Gästen sehr beliebt. In den Sommermonaten werden dem Bedarf entsprechend auch Bootstauchgänge durchgeführt. Ausbildung erfolgt z. Zt. für das Holiday-Brevet, Grundschein und VDTL-Elementar, in ganz naher Zukunft sind auch höhere CMAS-Stufen möglich. Man kann auch nur Gerätschaft ausleihen und dann auf La Palma selbständig tauchen.
Das tauchsportärztliche Tauglichkeitszeugnis darf nicht älter als 1 Jahr sein, kann man aber auch am Ort erhalten.

Unterkunft
Doris Palmer macht die geschäftliche Seite der Basis, sie vermittelt Wohnungen und Apartments.
Leihwagen können über sie direkt zum Flughafen geordert werden.

Preise
Ein geführter Tauchgang mit Ausrüstung der Basis kostet ca. 5500 Pts, mit eigener Ausrüstung (und DTG sowie Blei) ca. 3000 Pts. Schnuppertauchen bekommt man für ca. 6900 Pts. Die Preise für die Tauchkurse liegen zwischen 32.000 und 46.500 Pts. Gruppen- und Mengenrabatte auf Anfrage.

Breña Baja

Breña Baja und Breña Alta liegen als Doppelort zusammen zwischen Santa Cruz und dem Flughafen (13.000 Einwohner). Zu den Orten gehört eines der Touristenzentren: die Strandregion Los Cancajos mit schönen Apartmenthäusern, Restaurants, zahlreichen kleinen Badebuchten und einem für Kinder geeigneten Schwimmbad.

4 San Borondon Scuba Diving Centre
Trotz mehrfacher Versuche haben wir über diese Basis nur spärliche Informationen erhalten können. Die Besitzer sind Spanier, und nur spanisch sprechende Taucher werden hier gut zurechtkommen. Selbst eine Verständigung auf Englisch ist außerordentlich schwierig.
Die Preise differieren nur unwesentlich zu den anderen Anbietern, sie sind geringfügig günstiger. Erwähnenswert sind die Gruppen- und Familienrabatte. Bei

Gruppen von mehr als 4 Personen gewähren sie 10 %, bei Familien 15 % Rabatt bei wenigsten 2 tauchenden Familienmitgliedern.

Anschrift: San Borodon Scuba Diving Centre, CC Los Cancajos, Local 27, E-38712 Breña Baja, Tel./Fax 00-34-22-420697.

Unabhängiges Tauchen auf La Palma

Nach Angaben unseres Vereinskameraden Robert Köhler, der wie kein anderer die „Kleinen Kanaren" betaucht hat, gibt es 3 interessante Tauchplätze, die von den Basen in der Regel nicht angefahren werden, weil die Entfernungen zu groß sind (alle Tauchbasen verleihen entsprechende Gerätschaft!):

La Garafia
Ein Tauchgang von Land aus in einer geschützten Bucht, die nur über zahlreiche Treppenstufen zu erreichen ist. Nach dem Einstieg über eine Eisenleiter geht es zunächst in einen Flachbereich von 6–10 m, weiter außerhalb der Bucht ist es weniger interessant, außerdem muß hier mit Strömung gerechnet werden.

Punta Gorda
Hier finden sich ähnliche Verhältnisse wie bei La Garafia, es müssen allerdings hier 611 (!) Treppenstufen überwunden werden.

Franceses
Man kann mit dem Auto bis in den Hafenbereich fahren, links neben der Mole besteht bequeme Einstiegsmöglichkeit, wenn die Wetterverhältnisse dieses zulassen.

Anmerkung der Verfasser: Bei selbständigem Tauchen muß die Rettungskette vorher peinlich genau durchgesprochen werden (Telefon, Transport zur Druckkammer usw.). Bedenken Sie, daß es auf La Palma keine Druckkammer gibt, und daß Sie möglicherweise nicht versichert sind.

La Gomera

Die nahezu kreisrunde Insel ist mit 378 km² und heute etwa 18.000 Einwohnern nach El Hierro die zweitkleinste der Kanarischen Inseln. In den Jahren 1940 bis 1990 hat es eine durch Abwanderung bedingte Reduzierung der Bevölkerung um 30 % gegeben. Durch eine Verbesserung der touristischen Infrastruktur – es wurden neue Straßen gebaut, und es entstanden die neue große Hotelanlage Tecina (über 600 Betten) sowie die große Apartmentanlage im Valle Gran Rey – hat es die Inselverwaltung geschafft, die Einwohnerzahl stabil zu halten und den Tourismus zu beleben. Nicht gemeint ist hier jedoch der Alternativ-Tourismus, der schon vor vielen Jahren die Insel erobert hat und von den Einheimischen und den „Normal-Touristen" gleichermaßen als störend empfunden wird. Es handelt sich meist um junge Leute mit schmalen finanziellen Mitteln, die mit Rucksack und Kindern unterwegs sind und in Zelten übernachten.

Die Insel hebt sich wie ein gewaltiger Kegel und von weitem kahl aussehend aus dem Meer hervor, um schließlich in der nördlichen Inselmitte mit dem Pico de Garajonay eine Höhe von 1487 m zu erreichen. Von dort aus fallen zahlreiche Barrancos (tief eingeschnittene Täler) zum Meer hin ab und werden dort breiter. Der schönste Barranco ist das Valle Gran Rey.

Für Vegetation und Landschaft ist tatsächlich die liebevolle Bezeichnung „eine herrliche Laune der Natur" gerechtfertigt. Den Besucher erwarten herzliche und fröhliche, gastfreundliche Einwohner und eine phantastische Landschaft mit dicht belaubten Wäldern, tiefen Schluchten und langen Fußwegen zu beeindruckenden Steilküsten und Aussichtspunkten. Im Norden und Westen wachsen unter dem Einfluß der klimabestimmenden Passatwinde sogar in 1000 m Höhe immergrüne Lorbeerwälder, ausgedehnte meterhohe Erikabüsche, und die Landwirtschaft bietet Bananen, Wein, Avocados, Papayas, Zitronen, Apfelsinen, Tomaten und zahlreiche Gemüsesorten. Der Naturliebhaber und Wanderer sollte den Nationalpark Garajonay um den Pico de Garajonay ansteuern, wo er auf 3982 Hektar die üppige Vegetation der Insel genießen kann. Wer jedoch schöne weiße Sandstrände sucht, wird enttäuscht sein; denn er findet auf La Gomera lediglich die von den Kleinen Kanaren bekannten schwarzen Kiessandstränden in San Sebastian, in Valle Gran Rey, an der Playa Santiago, Playa de Hermigua und der Playa de Vallehermoso.

Anreise

Die schnellste Verbindung nach La Gomera ist der Flug. Der seit 1991 im Bau befindliche Flughafen soll 1998 fertiggestellt sein. Wir haben die Baustelle noch im November 1997 besichtigt und feststellen müssen, daß erst die Start- und Lan-

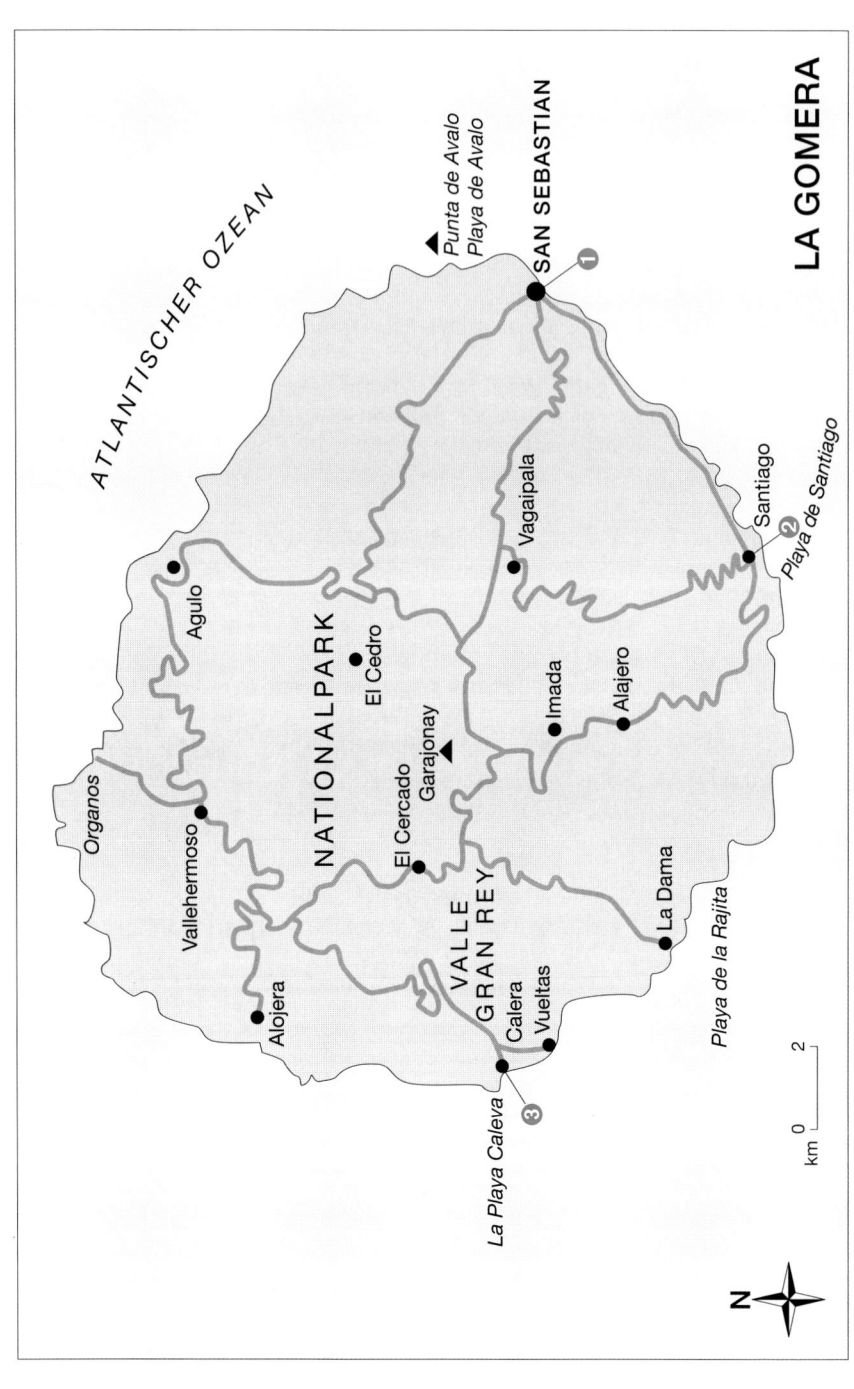

LA GOMERA

ATLANTISCHER OZEAN

Punta de Avalo
Playa de Avalo
SAN SEBASTIAN ①

Vagaipala
Santiago
Playa de Santiago ②

Agulo
NATIONALPARK
El Cedro
Imada
Alajero

Organos
El Cercado
Garajonay

Vallehermoso
VALLE
GRAN REY
Calera
Vueltas ③
La Dama
Playa de la Rajita

Alojera

La Playa Caleva

km 0 2

N

debahn fertig waren. Andererseits ist der Flughafen auch nicht für internationale Flüge geplant und somit auch nach Fertigstellung für unseren modernen Reisetourismus ohnehin uninteressant. Von den großen deutschen Flughäfen geht der Flug zunächst nach Teneriffa Süd und von dort mit Bus oder Taxi ca. 25 km zum Hafen von Los Christianos. Von dort geht 4x täglich die „Ferry Gomera" nach San Sebastian und von San Sebastian zurück nach Los Christianos. Fahrtzeit je nach Wetterlage 75–90 min. Eine Alternative ist das Schnellboot, das die Überfahrt in 30 min schafft. Das Schnellboot fährt übrigens ab sofort auch über San Sebastian nach Valle Gran Rey und zurück. Wir empfehlen unbedingt die langsame Überfahrt, auf der Sie sich mit einem Fernglas oder Teleobjektiv bewaffnet auf das Deck begeben sollten, weil man ziemlich sicher Delphine und Grindwale zu Gesicht bekommen wird, eine wirkungsvolle Einstimmung auf den Tauchurlaub auf La Gomera.

Tauchen auf La Gomera

Jahrelang gab es auf der Insel nur die von Gerd Vieth geleitete Tauchbasis Gomera Divers in San Sebastian. Diese Basis hat Jean-Paul Waczack 1995 übernommen. Gleichzeitig wurde im Hotel Tecina eine Basis in Betrieb genommen, und seit 1996 gibt es die ganz neue Basis fisch & Co. im Valle Gran Rey. Alle Basen sind in deutscher Hand.

Das Fischvorkommen entspricht dem des subtropischen Atlantiks und ist ähnlich wie auf den anderen Kanarischen Inseln. Es ist noch sehr angenehm, auf La Gomera zu tauchen; denn das Tauchboot ist immer das einzige am Tauchplatz, die Sichtweiten sind auch bei schlechtesten Verhältnissen nicht unter 15 m, in der Regel um 40 m, und die Unterwasserwelt ist wirklich noch unberührt.

San Sebastian

Bei guten Wetterverhältnissen hat man schon zu Beginn der Überfahrt einen guten Anblick von La Gomera, und während der Fahrt taucht allmählich die herrliche Kulisse von San Sebastian, der Hauptstadt von La Gomera vor unseren Augen auf. Schon während der Überfahrt hatten wir Gelegenheit, eine Schule Grindwale zu beobachten, die uns gewaltig auf das Tauchen auf La Gomera eingestimmt hat. In der 7.000 Einwohner zählenden Stadt findet sich der Fremde schnell zurecht, münden doch alle Gassen in drei parallele Straßen. Wenn es auch nicht viele Sehenswürdigkeiten gibt, so ist doch der schöne alte Stadtkern mit seinem Mittelpunkt, der von großen Lorbeerbäumen umsäumten Plaza Calvo Sotelo hervorzuheben. Schräg gegenüber liegt das alte Zollhaus, in dessen Innenhof ein Brunnen zu besichtigen ist, aus dem Columbus das Wasser für seine Amerikafahrten entnommen haben soll. Der Torre del Conde war die ehemalige Residenz von Feran Peraza, ein für seine Brutalitäten bekannter früherer Herrscher von La Gomera. Der Hafen ist ein beliebter Treffpunkt mit Restaurants, Bars und kleinen Geschäften. San Sebastian hat zwei schwarze Kiesstrände. Der eine befindet sich an der Plaza de los Cubridores direkt im Anschluß an den Hafen. Die einzige Tauchbasis am Ort liegt am nördlichen Ende der am Strand entlang führenden Straße Avenida de los Descubridores, sie ist in den Bereich des Club Nautico de La Gomera integriert. Der zweite Strand beginnt an eben diesem Club Nautico jenseits des Tunnels und unterhalb des Hotels Parador Nacional, einem staatlich geführten Luxushotel.

1 Club Nautico de La Gomera, Sección Buceo, ehemals Gomera Divers

Name:	Club Nautico de La Gomera, Sección Buceo, ehemals Gomera Divers
Basisleiter:	Jean-Paul Waczak
Tauchlehrerqualifikation:	Barakuda/CMAS
Anschrift, Tel., Fax:	Playa la Cueva s/n (s/n = sin numero = ohne Hausnummer), E-38800 San Sebastian de La Gomera, Islas Canarias, Tel./Fax p.00-34-22-141075, Club Nautico Tel. 0034-22871053 (dort wird nur spanisch gesprochen, man muß nach „Buceo" verlangen)
Ausbildung:	Barakuda/CMAS
Nächste Druckkammer:	Universitätsklinik von Santa Cruz, Teneriffa
Kontaktpersonen in Deutschland:	Uwe Busch, Hittorfstr. 17, 50735 Köln, Tel. 0221/761531

Lage
Die Basis befindet sich an der Playa la Cueva im Bereich des großzügig angelegten Club Nautico. Vom Hafen aus gelangt man auf die Avda. de los Descubridores, auf der man sich rechts hält und den sofort sichtbaren Tunnel durchquert. Zur Linken liegt dann der Club Nautico an der Playa la Cueva s/n. Die Basis ist in wenigen Gehminuten von der Anlegestelle der Fähre zu Fuß zu erreichen.

Basis
Seit 1997 gibt sich die ehemalige Basis Gomera Divers, die jetzt als Sección Buceo in den Club Nautico integriert ist, nach dem Motto „Wir starten durch" in völlig neuem Outfit. Nach dem Umzug in größere Räume mit einem erweiterten Team werden ab sofort neben Tauchen auch für die ganze Familie sowie für nichttauchende Begleiter andere Aktivitäten wie Strandaerobic, Windsurfen und Was-

Steilküste und Bucht von Playa de Santiago.

Die berühmten Terrassen im Nationalpark Garajonay.

serskifahren angeboten. Die Kleinsten werden durch das Basispersonal betreut, während Papa und Mama zum Tauchen gehen können. Besonders hervorzuheben, daß man sich im Club Nautico und seinen Einrichtungen sofort heimisch fühlt, wie im großen Meerwasserpool, Kinderplanschbecken, Squash- und Tennisplatz sowie im eigenen Felsrestaurant. Auf Wunsch können Inselrundfahrten organisiert werden. Es stehen ausreichend viele 10- und 12-l-Geräte mit kompletten Ausrüstungen zur Verfügung.

Tauchbetrieb
Neben Landtauchgängen und Schnuppertauchgängen finden täglich um 10.00 und 14.00 Uhr Tauchausfahrten mit einem motorstarken „Powerboot" oder bei größeren Gruppen mit einem 12 m langen, umgebauten ehemaligen Thunfischkutter statt. Mit diesem können bei Bedarf auch Inselrundfahrten durchgeführt werden. In der Mittagszeit wird Ausbildung nach Barakuda/CMAS-Richtlinien gemacht.

Tauchplätze
Jean-Paul hat uns die schönsten Tauchplätze beschrieben:
Punta de la Gilla, unser Hausriff. Wenn an keinem anderen Tauchplatz viel Fisch garantiert werden kann, hier tun wir es. Zackenbarsche, Muränen, Trompetenfische, Papageifische, Schwärme von Sardinen, Meerjunker, Mönchsfische sowie teilweise große Schulen zwischen 50 und 200 Barrakudas. Hier wird grundsätzlich der erste Tauchgang absolviert, Wassertiefen zwischen 20 und 30 m.
Roque del Herrero ist etwas südlich gelegen und nur mit dem Boot zu erreichen. Häufig zu beobachten sind hier Stachel- und Adlerrochen, Schwärme von zum Teil sehr großen Gelbschwanzmakrelen und natürlich zahlreiche Kleinfische. Wassertiefe ca. 25 m.
Roque del Guincho, etwa 200 m von Roque del Herrero entfernt mit einer kleinen Grotte. Hierin befinden sich zwei sehr große Anemonen, die mit Putzergarnelen besiedelt sind. Des weiteren ein ca. 20 m langer-Tunnel, durch den man hindurchtauchen kann. An diesem Tauchplatz sind häufig große Bärenkrebse zu sehen, Muränen, Zackenbarsche und Rochen sind regelmäßig anzutreffen. Wassertiefen 20–25 m.
Punta Gaviota, ein zunächst langweilig scheinendes Tauchgebiet, da für die meisten Taucher zu flach. Dem folgt aber dann ein Einschnitt ähnlich der Form eines Tortenstückes, das dann bis auf fast 30 m Wassertiefe abfällt. Dort sehen wir fast regelmäßig zum Teil sehr große Muränen.
Baja de Avalo, in nördlicher Richtung gelegen und nicht bei jeder Wetterlage betauchbar. Das Tauchgebiet ist nicht für Anfänger geeignet, da dort immer Strömung vorhanden ist. Es handelt sich um ein Riff, ca. 1 km vom Land entfernt, das bis unter die Wasseroberfläche reicht und bis zu einer Tiefe von 44 m abfällt. Die Sicht ist meist sehr gut, das Fischvorkommen dagegen sehr unterschiedlich. Dennoch kommt der Taucher durch die schönen Felsformationen auf seine Kosten.

Unterkunft
Bei der Beschaffung von Unterkünften ist die Basis behilflich. Es gibt einfache, saubere Apartments in San Sebastian für ca. 5.000 Pts für 2 Personen pro Tag. Apartmentanlage mit Pool und Meeresblick für 3 Personen ca. 125 DM, für 6 Personen ca. 160 DM pro Tag. Apartments im rustikalen Kanarenstil auf Anfrage. Vier-Sterne-Hotel mit Pool und Meeresblick für ca. 14.000 Pts pro Tag, Halbpension ca. 19.000 Pts. Auch ein für Wanderer und Naturliebhaber geeignetes kanarisches Bauernhaus kann vermittelt werden, ca. 8 km außerhalb der Stadt. Leihfahrzeuge wie Opel Corsa und Ford Fiesta können für ca. 4.500 Pts pro Tag vermittelt werden (bei längerer Mietdauer sind die Preise günstiger).

Preise
Für einen Landtauchgang zahlt man ca. 3200 Pts, für einen Bootstauchgang ca. 4200 Pts plus einmalig 2000 Pts für die Aufrechterhaltung der Dekompressionskammer (12 Monate gültig!) In den angegebenen Preisen sind DTG, Blei und Tauchgangsbegleitung enthalten.

Playa de Santiago

Das kleine, im Süden der Insel gelegene Fischerdorf hat weniger als 1000 Einwohner, die noch von der Landwirtschaft (Avocados, Papayas, Wein und Bananen) und vom Fischfang leben, auch wenn der Tourismus hier schon Einzug halten hat. An dem 500 m langen, sauberen schwarzen Kiesstrand gibt es einige kleine Restaurants (z. B. Restaurante Tagoro), die sehr empfehlenswert sind, da man dort wirklich original kanarische Gerichte für wenig Geld bekommen kann. Oberhalb von Playa de Santiago thront das von der Fred-Olsen-Linie errichtete große Vier-Sterne-Hotel Tecina, das im kanarischen Stil erbaut ist und jeden erdenklichen Luxus bietet. In diesem Hotel liegt die Tauchbasis Club Atlantico Buceo Tecina.

2 Club Atlantico Buceo Tecina
Die von dem deutschen PADI-Tauchlehrer Thomas Michel geleitete Tauchbasis befindet sich im Club Laurel im Bereich des Hotels Tecina. Von San Sebastian fährt man zunächst auf einer kurvenreichen Strecke bergan in Richtung Nationalpark Garajonay und genießt dabei die wunderschönen Ausblicke auf das Meer. In Vegiapala biegt man nach links ab, dem Hinweisschild nach Playa de Santiago folgend. Diese Straße ist ebenfalls sehr kurvenreich. Hohe Palmen umsäumen die gerade neu ausgebaute Strecke. An beiden Seiten dieses Tales sieht man die schön angelegten terrassenförmigen Felder, die allerdings nicht immer landwirtschaft-

lich genutzt werden; denn mit dem Tourismus läßt sich leichter Geld verdienen. Kurz vor Playa de Santiago liegt dann zur Linken das nicht zu übersehende Hotel Tecina. Ein Aufzug bringt die Gäste in den im Strandbereich liegenden Club Laurel mit verschiedenen Bars und einer schönen Schwimmbadanlage. Die Tauchbasis ist dort in einer Felshöhle geschmackvoll eingerichtet.

Name:	Club Atlantico Buceo Tecina
Basisleiter:	Thomas Michel und Ehefrau Theresa
Tauchlehrerqualifikation:	PADI Master Scuba Diver Trainer
Anschrift, Tel., Fax:	Edif. Fred Olsen 1B, E-3881 Playa de Santiago, La Gomera, Islas Canarias, Tel. 00-34-22-895519, Fax 00-34-22-895605 (Privatanschrift des Basisinhabers)
Ausbildung:	PADI Open Water bis Master Scuba Diver
Nächste Druckkammer:	Universitätsklinik von Santa Cruz, Teneriffa, Helikoptertransport ist gesichert
Kontaktpersonen in Deutschland:	Hotel Jardin Tecina im Comcenter, Gartenstr. 41, D-35619 Braunfels, Tel. 06442/5089, Fax 06442/5580

Basis
Die ehemals von Walter Kozelka geführte Basis ist kürzlich von dem PADI-Tauchlehrer Thomas Michel übernommen worden. Sie ist hervorragend mit Komplettgeräten ausgestattet und bietet im Bereich des Club Laurel sämtliche Annehmlichkeiten, die ein Luxushotel aufzuweisen hat. Thomas will unbedingt hervorheben, daß die Tauchbasis zwar zum Hotel gehört, daß aber Taucher aus anderen Hotels bzw. Privatunterkünften ebenfalls bei ihm tauchen können und dann während der Ausbildung auch die Anlage nutzen dürfen. Der Club Atlantico hat es sich zur Aufgabe gemacht, die Unterwasserwelt zu schützen und umweltschonendes Tauchen zu fördern. Der Spezialkurs „Unterwasser Naturalist" ist unter anderem diesem Ziel gewidmet.

Tauchbetrieb
Die Tauchausbildung geschieht ausnahmslos nach PADI-Richtlinien. Wir weisen darauf hin, daß nach den Äquivalenzvereinbarungen grundsätzlich die Leistungsstufen anderer Verbände nicht umgeschrieben, jedoch anerkannt werden. Das heißt: hat ein Taucher hier seinen PADI Open Water absolviert, kann er später in Deutschland auch auf der CMAS-Schiene mit der nächst höheren Stufe (Taucher **=DTSA Silber) weitermachen oder umgekehrt.
Die Anfängerausbildung macht Thomas in der schönen Schwimmbadanlage des Clubs Laurel. Es werden Land-, Boots- und Nachttauchgänge sowie eine Vielzahl von Spezialkursen angeboten. Das Tauchboot für 15 Taucher fährt täglich vom Hafen in Playa de Santiago zu den etwa 15 Tauchplätzen, Anfahrtszeit 20–40 min.

Anfängerausbildung im Club Atlantico Buceo Tecina.

Unterkünfte

Aus den beschriebenen Gegebenheiten bietet sich natürlich das allerdings sehr kostspielige Hotel Tecina an (Tel. 00-34-22-895050, Fax 00-34-22-895050), nach unserer eigenen Erfahrung gibt es aber in Playa de Santago einfache und preiswerte Unterkünfte, bei deren Vermittlung Thomas Michel behilflich sein wird. Einen Mietwagen kann das Hotel vermitteln.

Preis

Für einen Landtauchgang zahlt man ca. 3200 Pts, für einen Bootstauchgang ca. 5000 Pts. Bei 10 Tauchgängen reduziert sich der Preis um etwa 400 Pts pro Tauchgang. Die unterschiedlichen Tauchkurse kosten zwischen 32.500 und 80.000 Pts. Schnuppertauchen kann man für 18.000 Pts. Die Preise für die zahlreichen Sonderbrevets liegen zwischen 15.000 und 27.000 Pts. Neben Tauchequipment können auch Unterwasserkameras ausgeliehen werden.

Valle Gran Rey

Valle Gran Rey liegt an der Westküste der Insel, man erreicht es sowohl über die Straße durch den Nordteil der Insel (Carretera del Norte) wie auch durch die Inselmitte (Carretera del Centro). Schon der Name „Das Tal des großen Königs" läßt etwas Besonderes erwarten. Es ist tatsächlich das schönste Tal der Insel. Im Anschluß an den Nationalpark Garajonay mit seinen immergrünen Lorbeerwäldern fährt man auf einer kurvenreichen Straße durch diesen riesigen Barranco (Schlucht) zum Meer und passiert dabei die Dörfchen La Calera, La Playa und El Puerto. Auffallend sind während der ganzen Strecke die in den Berg hineingeschobenen Feldterrassen, auf denen bei typisch subtropischem Klima mit ausreichend Wasser Palmen, Avocadobäume, Tomaten und Bananen wachsen.

3 Centro de Buceo, Tauchschule „fisch & Co."
Die Tauchbasis ist die jüngste auf La Gomera, sie liegt im Ortsteil La Playa. Da alles klein und überschaubar ist, kann man sie leicht finden.

Name:	Centro de Buceo, Tauchschule „fisch & Co."
Basisleiter:	Ingrid Callies und Frank Oerke
Tauchlehrerqualifikation:	VIT/CMAS TL** und VIT/CMAS TL*
Anschrift, Tel., Fax:	C/La Noria 5, LA Playa-Apt. 99, E-38870 Valle Gran Rey, La Gomera, Islas Canarias, Tel. 00-34-22-805688, Fax 00-34-22-805792
Ausbildung:	alle VIT/CMAS-Stufen
Nächste Druckkammer:	Universitätsklinik von Santa Cruz, Teneriffa, Helikoptertransport ist gesichert
Kontaktpersonen in Deutschland:	P. und A. Oerke, Tel. 0421/890203

Lage
Die einzige Zufahrtsstraße mündet schon unter Anblick des Meeres in einen Kreisverkehr. Hier hält man sich rechts in Richtung Playa. Auf einer Schotterstraße geht es dann am Strand entlang bis zu einer Kreuzung. Auf der Ecke rechts liegt eine Bar (Las Jornadas). Über diese Kreuzung fährt man hinweg, um schließlich in die erste Straße links einzubiegen (Calle La Noria Nr. 5 auf der linken Seite). Schräg gegenüber liegt das Informationszentrum für Touristen.

Basis und Tauchbetrieb
Die Basis ist von Ingrid Callies und Frank Oerke 1996 neu eröffnet worden. Sie ist völlig neu ausgestattet mit 12 l-Stahlflaschen und kompletten Ausrüstungen. In der geräumigen Basis gibt es einen separaten Naßbereich zum Spülen der Ausrüstung, ferner Duschen und WC.
Getaucht wird von Land oder vom Boot (11 m Holzkutter) und – je nach Bedarf – ein- oder zweimal täglich. Es werden alle CMAS-Spezialkurse, ferner Nacht-, Wrack- und Höhlentauchgänge angeboten.
Wie auch bei den anderen zwei Tauchbasen der Insel taucht man hier in nahezu unberührten Gebieten. Zu sehen sind: Papageifische, Drückerfische, Trompetenfische, Kugelfische, Barrakudas, Zackenbarsche, Rochen, Muränen sowie zahl-

reiche weitere Fische des tropischen Atlantik, manchmal auch Mantas, Mondfische und Hammerhaie.

Unterkünfte
Es gibt im Valle Gran Rey weit über 1000 Touristenbetten. Bei der Reservierung
von Apartments ist die Tauchbasis behilflich.

Preise
Ein Tauchgang inklusive DTG, Blei und Bootsausfahrt kostet ca. 45 DM. Für
Leihausrüstung (Jacket, Atemregler, Tauchanzug und ABC-Ausrüstung) zahlt
man je 5 DM.

El Hierro

El Hierro ist mit 279 km^2 und 7500 Einwohnern die kleinste und bevölkerungs-
ärmste Insel des Kanarischen Archipels und mit den ca. 300 Touristenbetten und
fehlenden Touristenattraktionen nicht gerade einladend. Industrie ist nicht vorhanden, die Bevölkerung lebt von der Landwirtschaft, dem Fischfang und dem
bescheidenen Touristenaufkommen.
Geologisch ist sie mit 1 Million Jahren die jüngste kanarische Insel, entstanden
aus einem mächtigen Krater, der zum großen Teil im Meer versunken ist. Noch
heute erinnert El Golfo, die halbkreisförmige ausgedehnte Steilküste im Norden
an die Größe des ehemaligen Vulkans. Klima und Vegetation werden durch den
sich zur Mitte der Insel erhebenden höchsten Gipfel Malpaso (1500 m) bestimmt.
Er ist nicht mächtig genug, wie der Teide (3715 m) in Teneriffa, um eine Wetterscheide zu bilden. Die Wolken werden nicht abgehalten, sie bringen Nebel und
Feuchtigkeit. Dennoch ist der Wassermangel ein großes Problem der Insel, ver-
sickert doch das Wasser recht schnell auf den porösen Lavaböden.
Es gibt im Vergleich mit den anderen Inseln an der ca. 100 km langen Küste keine
geeigneten Badestrände, die sich für einen Strandurlaub eignen, lediglich einige
romantische Buchten mit schwarzem Sandstrand laden zum Verweilen ein. Wer
sich einbildet, an einem tauchfreien Tag die Insel mal eben zu umfahren, irrt
gewaltig. Stichstraßen enden praktisch alle an der Küste, und man trifft bei der
Rückfahrt immer wieder auf San Andrés oder Valverde, die 2000 Einwohner
zählende Hauptstadt. Sehenswürdig ist das nördlich vom Flughafen gelegene
Tamaduste mit einer in Basaltformationen eingebetteten Badebucht, ein 300 m
langes Naturschwimmbecken. Das schönste und teuerste Hotel ist der Parador an
der Ostküste mit einem Strand aus einem Gemisch von Sand und Kies. Weitere
Sehenswürdigkeiten sind das im Norden gelegene Dorf Pozo de las Calcosas, der
von César Manrique geschaffene Aussichtspunkt Mirador de la Peña und die Ortschaften bei El Pinar mit seinem traditionellen Kunsthandwerk. Hier können Sie
Schnitzarbeiten, handgewebte Textilien und kunstvolle Tücher kaufen. Im El
Golfo-Gebiet liegt das Städtchen La Frontera mit Teilen der Inselverwaltung. Die
auf einem rotbraunen Vulkankegel thronende malerische Pfarrkirche mit separa-
tem Glockenturm stammt aus dem Jahre 1615. Das unterirdische Wasservorkom-
men gestattet hier den Anbau von Bananen, Ananas- und Obstkulturen, auch der
sehr zu empfehlende lokale Wein sollte verkostet werden. Unweit von Frontera
liegt Tigaday, der üppige Obstgarten der Insel. Natürlich muß man die berühmte
Punta Orchilla sehen, wo Anfang des 17. Jahrhunderts der Null-Meridian von
französischen Geographen festgelegt wurde, weil sie sich auf die irrige Ansicht
des griechischen Naturforschers Claudius Ptolomäus aus dem 2. Jahrhundert vor
Christus verlassen hatten.

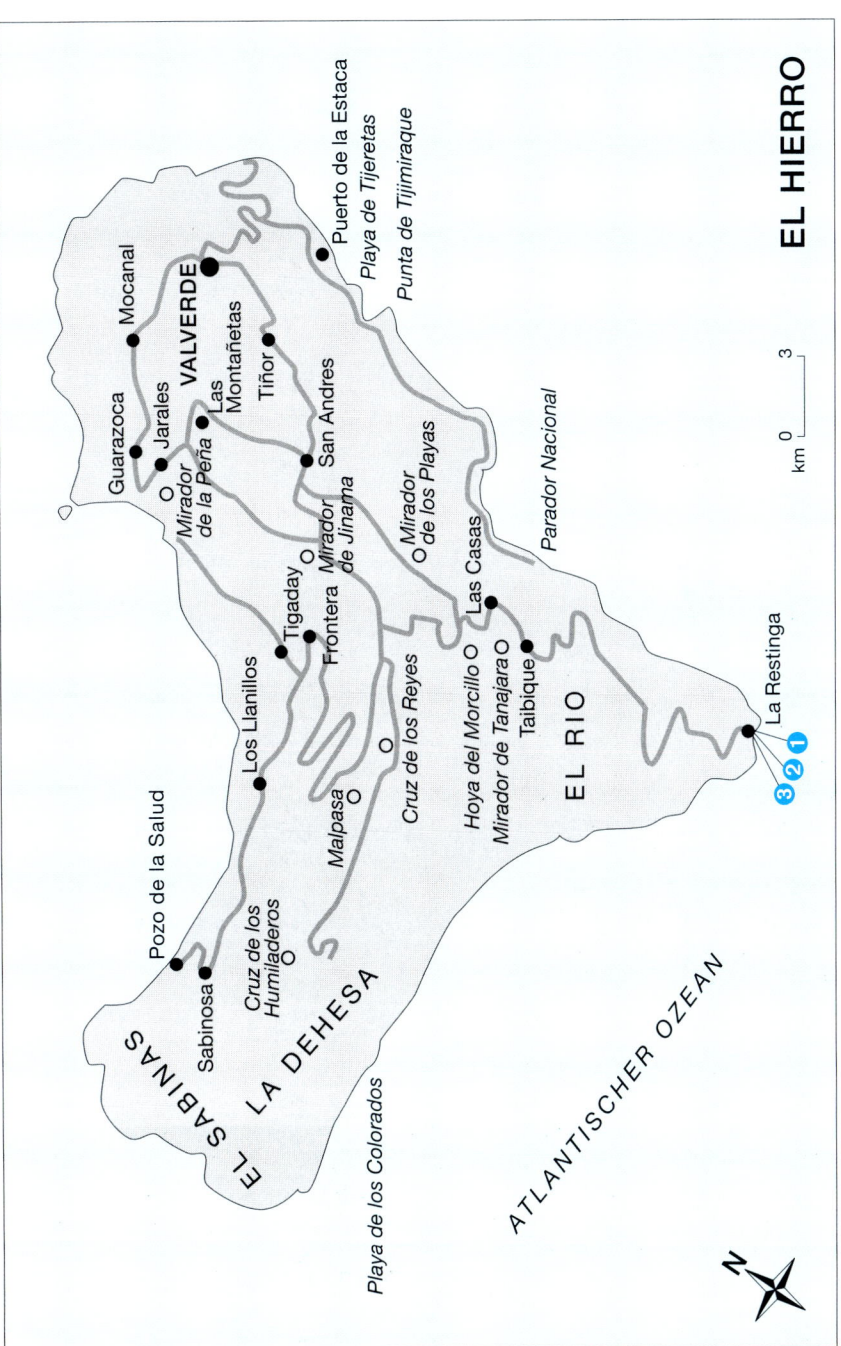

EL HIERRO

Puerto de la Estaca
Playa de Tijeretas
Punta de Tijimiraque

Mocanal
VALVERDE
Las Montañetas
Guarazoca
Jarales
Tiñor
Mirador de la Peña
San Andres
Mirador de Jinama
Mirador de los Playas
Parador Nacional

Tigaday
Frontera
Los Llanillos
Cruz de los Reyes
Malpasa
Hoya del Morcillo
Las Casas
Mirador de Tanajara
Taibique
EL RIO

La Restinga

Pozo de la Salud
Cruz de los Humiladeros
Sabinosa
EL SABINAS
LA DEHESA

Playa de los Colorados

ATLANTISCHER OZEAN

N

km 0   3

Weil Sie wegen zahlreicher Tieftauchgänge sicherlich einen weiteren Tag zur Dekompression opfern müssen, empfehlen wir hierfür einen Ausflug in die Zone der Sabinas. Die Sabinas sind ein Zedern-Wacholdergewächs, dessen Alter man kaum schätzen kann. Die Bäume sind im Laufe der Zeit durch die heftigen Nordostwinde in bizarre Formen zu Boden gedrückt worden. Von hier aus lohnt sich ein Abstecher zum Mirador del Bascor, man hat dort einen phantastischen Ausblick auf die westliche Region des Golfes, wenn die steigenden Passatwolken uns nicht gerade in Nebel einhüllen.

Die Landschaft Hierros ist von überwältigender Schönheit, so daß wir unsere Liebe zu dieser Insel entdeckt haben.

La Restinga

La Restinga ist der Anziehungspunkt für die Taucher, liegen hier doch die einzigen 3 Tauchschulen und bequemsten Übernachtungsmöglichkeiten für den Tauchtourismus. Ganz unten an der Südspitze gelegen, ist es der sonnenreichste Fleck der Insel mit weniger als 30 wolkenbedeckten Tagen im Jahr. Die Mauern der Stadt sind auf schwarze Lava gesetzt. Der vulkanische Erdboden setzt sich aus allen Varianten von Lava- und Ascheformationen zusammen, deshalb werden hier auch keine Sandstrandfreuden aufkommen. Außer einem inzwischen großen Angebot für Tauchsportler gibt es hier keine touristische Unterhaltung. Der Besucher muß schon etwas Individualismus mitbringen, um sich mit dem Wechselspiel der vulkanischen und atlantischen Elemente auseinanderzusetzen.

Unterkünfte: Apartamentos Rocamar (wird von Peter Husy vermittelt), Apto. Saltos (Tel. 646523/255755), Apto. Restinga (Tel. 558170), Casa Kai Marino (Tel. 550973), Pension Matias (Tel. 558189), Pension Juan Hernandez (Tel. 558164) und Apto. Cruz Alta (Tel. 550004/550349). Die Restaurants und Bars sind nicht sehr zahlreich, man sollte sie selbst erkunden, verlaufen kann man sich in dem kleinen Ort eh nicht.

Wie erreicht man El Hierro?

Die Anfahrt nach Hierro kann umständlich sein, weil große Ferienflieger auf dem kleinen Flughafen nicht landen dürfen. Iberia (Binter) fliegt den Inselflughafen von Teneriffas nördlichem Flughafen Los Rodeos zweimal täglich an. Da wir von Deutschland aber nur Teneriffas Südflughafen Reina Sofia erreichen können, ist ein Taxi-Transfer (DM 80,00) erforderlich. Die Flüge von den anderen Kanarischen Inseln sind preisgünstig, aber nicht zu häufig. Fährverbindungen dauern von La Palma und La Gomera vier Stunden, von Teneriffa mit Zwischenstopp in La Palma maximal 16 Stunden. Wichtig: Wenn Sie vom Flughafen TFE-Nord (Los

Rodeos) die Anfahrt nach Hierro planen, müssen Sie eine Übernachtung in Teneriffa einplanen, wenn Sie nach 11.00 Uhr in Deutschland abfliegen. Dasselbe gilt
für den Rückflug, wenn der Abflug von TFE-Süd nach Deutschland vor 12.00 Uhr
liegt.

Tauchen

Tauchen auf Hierro gilt seit vielen Jahren, als Horst Fiesenig die erste Tauchbasis
in La Restinga eröffnet hatte, als Insider-Tip. Glasklares Wasser mit Sichtweiten
bis zu 50 m und dem gesamten Fischvorkommen des Ostatlantiks, darunter Rie-
senschwärme von Thunfischen und Barrakudas haben auch uns schon vor Jahren
auf die Insel gelockt. Wer allerdings eine qualifizierte Tauchausbildung nach
CMAS-Richtlinien sucht, ist nicht nur wegen der Sprachschwierigkeiten in El
Hierro schlecht aufgehoben. Eine Druckkammer fehlt auf der Insel. Die nächstgelegenen Kammern liegen in Santa Cruz/Teneriffa und in Bahia Feliz/Gran
Canaria. Wenn auch diese Druckkammern innerhalb der gesetzlich vorgeschriebenen zwei Stunden erreicht werden können, so müssen wir doch mitteilen, daß
die Kammer in Gran Canaria nicht den Qualitätsstandards der DAN-Rettungsor-
ganisation entspricht.
Auf der Insel gibt es 3 Tauchbasen, die alle in La Restinga liegen und deshalb auch
dieselben Tauchplätze anfahren. Die meisten Tauchplätze liegen vor der Südwestküste im Bereich des Mar de las Calmas (Meer der Ruhe), weil dort weniger
Strömung vorhanden ist als vor der Südostküste. Ähnlich wie auf La Palma trennt
ein Landvorsprung die Ost- und Westwindexposition ganz ideal, so daß man sich
vormittags je nach Wetterlage die entsprechenden Tauchplätze aussuchen kann.
Auf beiden Seiten finden sich unzählige bekannte und noch neu zu entdeckende
Tauchplätze mit dem regelmäßigen Vorkommen von großen Zackenbarschen
einschließlich der selteneren gelben Art, Trompeten- und Mondfische, Makrelen-
und Barrakudaschwärme und in den Höhlen Garnelen, Langusten, Drachenköpfe
und immer wieder Muränen der verschiedenen Arten. Das einzige Wrack in der
Region wird nach 15 min Bootsfahrt erreicht, es liegt in 15 m Tiefe. Für unseren
Freund Robert Köhler, der viele Jahre als Gast bei La Restinga und auf den übrigen „Kleinen Kanaren" getaucht hat, sind die besten Tauchplätze:

Hafen von La Restinga (a)
Ein Landtauchgang vor der Außenmole des Hafens, geeignet als Eingewöh-
nungstauchgang oder für Übungstauchgänge, da nahezu strömungsfrei und immer
gute Sicht.

Bajon (b)
Bootstauchgang an der Südwestküste, nur 10 min vom Hafen entfernt. Es handelt

Die unberührten Steilküsten von Hierro.

Ein berühmtes Tauchziel ist der Bonanza-Felsen.

sich um eine ca. 500 m vor der Küste gelegene Felsnadel, die langsam ins Meer abfällt. Beginnend bei 8 m endet sie bei 50 m, übergehend in einen sandigen Meeresgrund. Von beiden Seiten zu betauchen und für mehrere Tauchgänge geeignet. Häufig allerdings starke Strömung, so daß der Tauchgang nicht stattfinden kann.

Tacóron (c)
Cala de Tacóron ist von Land aus über eine inzwischen gut ausgebaute Straße zu erreichen. Von dem bequemen Einstieg (2 m Eisenleiter) kann man fächerförmig in alle Richtungen tauchen, unterschiedliche Wassertiefen.

Playa Rocha (roter Strand) (d)
Landtauchgang am westlichen Ende des Mar de las Calmas, der in Eigenregie durchgeführt werden kann, weil der Platz wegen der großen Entfernungen nicht von den Tauchschulen angefahren wird. Bei der Eremita de los Reyes fährt man auf dem unbefestigten Weg weiter zum Strand (bitte das Tor wieder schließen, Privatgrundstück!). Guter Einstieg im Strandbereich oder über eine Eisenleiter im Bereich der naheliegenden Fischanlandestelle.

Roque de Bonanza (der springende Bär) (e)
Landtauchgang nach einer allerdings zeitraubenden Anfahrt über San Andres und Valverde, dann südlich der Küstenstraße entlang nach Punta de La Bonanza, von wo man schon den zweigeteilten, hoch aus dem Meer herausragenden Felsen Roque de Bonanza sehen kann. Ein in allen Wassertiefen sehr interessantes Tauchgebiet. Wegen der langen Anfahrt werden hier in der Regel 2 Tauchgänge durchgeführt. Besonders zu beachten: Tieftaucher müssen die Dekompressionsregeln hier peinlich genau beachten; denn die Rückfahrt geht wiederum über den Gebirgskamm, der bei San Andres 1000 m erreicht! Es kann hier leicht zum Dekompressionsunfall kommen, auch wenn sonst beim Tauchen keine Fehler begangen wurden. Machen Sie vor Antritt der Rückfahrt eine längere Pause. Ganz sicher gehen Sie, wenn bei Ihrem Computer das Zeichen „no flight" erloschen ist.

Tauchbasen

Die älteste, ehemals von Horst Fiesenig geleitete Tauchschule in der Calle El Remo existiert inzwischen nicht mehr.

1 Dive-Resort Meridiano
Der Schweizer Peter Husy wollte zunächst nur für Freunde und Bekannte tolle Tauchgänge à la carte in kleinem Rahmen anbieten, nun ist es die Tauchbasis Dive-Resort Meridiano geworden, ein Anlaufpunkt für Anspruchsvolle, die das Besondere suchen und noch Abenteuerlust verspüren.

Name:	Dive-Resort Meridiano
Basisleiter:	Peter Husy
Tauchlehrerqualifikation:	SSI-Instrukteur
Anschrift, Tel., Fax:	Avenida Maritima 4, La Restinga, E-38915 El Hierro, Tel. 00-34-22-557085, Fax 00-34-22-557085
Ausbildung:	noch keine Ausbildung, es werden bis jetzt nur Bootsausfahrten angeboten
Nächste Druckkammer:	Universitätsklinik von Santa Cruz, Teneriffa
Kontaktpersonen in Deutschland:	Helmut Kulmer, Sertoriusring 285, 55126 Mainz, Tel./Fax 06131/475881
	in der Schweiz: Marlin-Reisen, Steinackerstr. 31, CH-Urdorf, Tel 00-41-1-734-07-02, Fax 00-41-1-734-07-04 (von Deutschland)
	Scuba-Shop Travel-Service, Grand-Rue 13, CH-1844 Villeneuve, Tel. 00-41-21-968-18-26, Fax 00-41-21-968-18-30 (von Deutschland)

Lage
Die Basis liegt auf der Avda. Maritima 4, nicht zu verfehlen; denn diese Straße geht direkt am Hafen entlang.

Tauchbetrieb
Der Service von Peter Husy fängt auf dem Flughafen an: Er empfängt die Gäste mit einem Leihwagen, der bei Bedarf im Arrangement inbegriffen ist. Er war bisher ausschließlich auf selbständige Taucher in Gruppen bis zu 6 Personen ausgerichtet und stellte lediglich 12-l-PTGs und Blei. Tauchausfahrten erfolgen einmal täglich zu den oben beschriebenen Tauchplätzen. Fahrzeiten 5–30 min. Der Tauchbetrieb hat Expeditionscharakter, wobei auch neue Tauchplätze erforscht werden. Große Tauch-Formalitäten gibt es nicht, man muß allerdings vorher eine Anzahlung machen und eine Erklärung unterschreiben, daß sämtliche Tauch- und evtl. andere Freizeitaktivitäten auf eigene Verantwortung geschehen.

Unterkunft
Unterkünfte im Apto. Rocamar sind in den Arrangements enthalten, sie sind alle mit Badezimmer, Schlafzimmer, Salon und Kochecke für 1–4 Personen sehr gut ausgestattet.

Preise (in Schweizer Franken)
Ein Tauchgang inklusive DTG und Blei kostet zwischen 35 und 45 Sfr. Die Basis

bietet auch ein Wochenarrangement mit (ca. 840 Sfr) oder ohne (ca. 410 Sfr) Leih-
wagen an.
Die restliche Tauchausrüstung ist mitzubringen, rechtzeitige Reservierung er-
beten.
Infos und Reservation bei Monica Husy, Sommeraustr. 8, CH-8255 Schlattingen,
Tel. 00-41-52-657-14-18, abends ab 19.00 Uhr.

2 Centro de Buceo El Hierro S.L.

Diese Tauchbasis wird von dem spanischen Ehepaar Ceferino („Cefe") Lopez
Garcia und Lydia Garcia Molero geleitet. Sie sind von der Calle El Remo 8 in die
Avda. Maritima 16 umgezogen.

Name:	Centro de Buceo El Hierro S.L.
Basisleiter:	Ceferino Lopez Garcia
Tauchlehrerqualifikation:	FEDAS/CMAS***-Instruteur, ACUC-Instruk-teur
Anschrift, Tel., Fax:	Avenida Maritima 16, La Restinga E-38915 El Hierro, Tel./Fax 00-34-22-557023
Ausbildung:	Ausbildung nach ACUC-Richtlinien
Nächste Druckkammer:	Universitätsklinik von Santa Cruz, Teneriffa
Kontaktpersonen in Deutschland:	Helmut Kulmer, Sertoriusring 285, 55126 Mainz, Tel./Fax 06131/475881

Lage
Die Basis liegt auf der Avda. Maritima 16, nicht zu verfehlen; denn diese Straße
geht direkt am Hafen entlang.

Basis
Die Basis besteht aus Tauchshop, Büro, Geräteraum und eine Taucherbar. Sie
hat zwei leistungsstarke Bauer-Kompressoren und ausreichend komplette Ausrüstungen mit 12 l und 15 l Stahlflaschen und 12 l Aluminiumflaschen. Die
Ausfahrten erfolgen mit einem 7,5 m langen Fiberglasboot (12 Personen) oder
einem Schlauchboot für 4 Personen. Duschmöglichkeiten sind vorhanden.
Achtung, Verständigungsschwierigkeiten! Mit Spanisch und Französisch kommt
man gut zurecht, Englisch sehr lückenhaft, Deutsch gar nicht.

Tauchbetrieb
Tauchausfahrten finden zweimal täglich um 9.00 und 13.00 Uhr zu den oben
genannten Tauchplätzen statt, bei größerem Taucheraufkommen können weitere
Termine abgesprochen werden. Vor dem Tauchen muß aus Haftungsgründen ein
Vertrag unterschrieben werden, auch der Abschluß einer Tauchunfallversicherung
ist vor Ort möglich.

Unterkunft
Es gibt außerordentlich günstige Komplettangebote für jeweils 1 Woche, die
Apartments für 2–4 Personen und 10 Tauchgänge einschließen.

Preise
Für 10 Tauchgänge (plus 1 Gratis-Tauchgang) inklusive DTG, Blei, Bootsausfahrt
und Tauchgangsführung zahlt man ca. 35.000 Pts. Komplettangebote mit Apartment und 10 Tauchgängen gibt es zwischen 44.500 und 50.000 Pts.

3 Dive Center PADI „EL Submarino"
Die Basis ist einer Gesellschaft angeschlossen, die sich unter dem Namen
„Club de Aventuras" zur Aufgabe gemacht hat, ein breites Sportangebot den
Gegebenheiten der Natur anzupassen. Im Angebot sind Höhlenforschung,
Drachenfliegen, Surfen, Wandern, Offshore-Ausfahrten mit Allrad-PKW,
fliegen mit Ultraleichtflugzeugen, Hochseeangeln, Mountain-Biking und
Tauchen. Eine gute Idee, wenn auch die Touristen in der entsprechenden Zahl
vorhanden sind. Wir hatten Kontakt mit Taimo Canomanuel, der für
das Tauchen zuständig zeichnete und über ausreichende Deutschkenntnisse
verfügte.

Name:	Dive Center PADI „El Submarino"
Basisleiter:	A.T. El Submarino S.L.
Tauchlehrerqualifikation:	D.C. PADI-FEDAS, was immer diese Bezeichnung bedeutet, es war keine nähere Auskunft zu erhalten.
Anschrift, Tel., Fax:	Avenida Maritima 2, La Restinga E-38915 El Hierro, Tel. 00-34-22-559202, Fax 00-34-22-55558058
Ausbildung:	Ausbildung nach PADI und NAUI
Nächste Druckkammer:	Universitätsklinik von Santa Cruz, Teneriffa
Kontaktpersonen in Deutschland:	keine

Lage
Die Basis liegt auf der Avda. Maritima 2, nicht zu verfehlen; denn diese Straße
liegt direkt am Hafen, unweit von der Konkurrenz.
Über die Basis und den Tauchbetrieb können wir keine verläßlichen Aussagen
machen, weil wir selbst dort nicht getaucht haben.

Unterkunft
Die Basis bietet Komplettangebote mit Unterkunft und 10 Tauchgängen/Woche
an, die vom Preis her nur gering über den Preisen von Centro de Buceo „El Hierro"
S.L. liegen.

Immer seltener werden die großen Sardinenschwärme.

Große Barrakudas patroullieren immer auf der Suche nach Beute vor der Küste.

Preise

Ein Landtauchgang mit Ausrüstung der Basis kostet ca. 3500 Pts, bei 10 Tauchgängen ca. 3000 Pts pro Tauchgang. Die Basis bietet Kompettangebote mit Apartments zu Preisen zwischen 45.000 und 55.000 Pts an. Eingeschlossen sind dabei
10 Tauchgänge, 12 l-DTG, Blei, Führung und Boot sowie Flughafentransfer bei
Beteiligung von 4 Personen.

Gran Canaria

Gran Canaria, nach Teneriffa und Fuerteventura die drittgrößte der Kanarischen Inseln, ist wegen der großen Touristenzentren (San Augustin, Playa del Inglés, Maspalomas, Puerto Rico und Puerto de Mogán) im Südosten und Süden verkehrsmäßig gut erschlossen. Auf dem Wege über diese Touristenzentren läßt sich die Insel bequem umrunden, beträgt doch ihr Durchmesser nur 50 km. Die größte Bevölkerungsdichte liegt im Norden mit dem Ballungszentrum Las Palmas. Die Hauptstadt Las Palmas hat 360.000 Einwohner und ist zugleich Provinzhauptstadt der Provinz Las Palmas de Gran Canaria, zu der auch Fuerteventura und Lanzarote gehören. Sie hat einen der größten europäischen Häfen und zwei große Strandgebiete, die sich im Norden (Las Canteras) und nach Süden (Alcavaneras) anschließen.

Wesentliche Ertragsquellen sind der Tourismus, die Fisch- und Landwirtschaft, hier besonders Bananen, Tomaten, Gemüse und Blumen. Die sehr schmackhaften Bananen werden nicht mehr exportiert, ihre Produktion ist durch zusätzliche künstliche Bewässerung zu kostspielig geworden. Exportiert werden hauptsächlich Gemüsesorten und Blumen.

Keineswegs sind die kilometerlangen Traumstrände und das milde Klima das Einzige, was Gran Canaria zu bieten hat. Kiefernwälder, die feuchten Hänge der „barancos" (enge Schluchten, die zum Meer hin abfallen) mit üppigem Pflanzenwuchs, Bananen- und Tomatenplantagen, Vulkankrater und schroffe Berge prägen das Landschaftsbild. Der Wanderer findet herrliche Wanderwege durch grüne Schluchten und vorbei an versteckten Dörfern. Der Autofahrer sollte über die gut ausgebauten Straßen von Las Palmas über Telde, Agüimes und San Bartolomé de Tirajana nach Tejeda das Landesinnere erforschen, um schließlich wieder über Firgas, Arucas und Tamaraceite nach Las Palmas zu gelangen.

Das Klima wird durch den Passatwind bestimmt, der hier als Nordost-Passat dem Norden der Insel reichlich Niederschläge beschert, während er im Süden als trockener Fallwind in Erscheinung tritt. Ähnlich wie auf Teneriffa ist das Landschaftsbild entsprechend geprägt: ausgedörrte trockene Landschaften im Süden und überschwengliche Vegetation mit intensiver Landwirtschaft im Norden.

Anreise

Die schnellste, preisgünstigste und bequemste Art, auf Gran Canaria einen Tauchurlaub zu verbringen, ist die in Deutschland gebuchte Flugreise. Reist man auf eigene Faust, so zahlt man für den Linienflug der Iberia oder Lufthansa ca. 2.600 DM. Linienflüge zu Spartarifen liegen um die 750 DM, Charterflüge liegen je nach Saison um die 650–850 DM, Last-Minute-Angebote außerhalb der Saison bis zu 400 DM und weniger. Verlassen Sie sich nicht darauf, aufs Geratewohl ein Hotelzimmer zu bekommen. Die Buchung sollte unbedingt in Deutschland erfolgen. Bewährt hat sich auch die direkte Kontaktaufnahme zu einer speziellen Tauchbasis per Fax; denn die meisten Basisinhaber vermitteln preisgünstige Unterkünfte, Mietwagen und bieten außerdem noch einen Pick up-Service an, d. h. sie holen die Gäste vom Flughafen ab.

Von Iberia und der Tochtergesellschaft Binter gibt es mehrmals täglich Flugverbindungen zwischen den Inseln mit Ausnahme von La Gomera (der Flughafen ist noch nicht fertiggestellt). Der Einzelflug nach Teneriffa kostet ca. 60 DM, Fuerteventura ca. 75 DM, Lanzarote ca. 90 DM, La Palma ca. 105 DM und nach El Hierro nur zweimal wöchentlich ca. 110 DM.

Fährverbindungen nach Teneriffa kosten ungefähr 40 DM (täglich außer Dienstag), mit dem mehrmals täglich verkehrenden Tragflügelboot ca. 80 DM jeweils für die Einzelfahrt. Nach Fuerteventura und Lanzarote kostet die Fähre (dreimal wöchentlich) ca. 70 DM. Das Tragflügelboot läuft fünfmal wöchentlich nach Morro del Jable auf Fuerteventura aus (ca. 80 DM für die Einzelfahrt).

Für Langzeiturlauber, die ihren eigenen PKW mitnehmen möchten, gibt es die Alternative, von Südspanien (Cadiz) aus mit der Fähre über Teneriffa nach Las Palmas de Gran Canaria zu gelangen. Die Überfahrt dauert zweieinhalb Tage und kostet für die Einzelfahrt pro Person 260–760 DM, für den PKW ca. 354 DM. Vom Flughafen Gando gibt es günstige Linienbusse zu allen touristischen Zentren. Das Taxi kostet nach Playa del Inglés ca. 2.700 Pts. Leihwagen sind für ca. 50 DM pro Tag zu bekommen.

Tauchen auf Gran Canaria

Mit Ausnahme einiger Wrack-Tauchplätze bei Las Palmas liegen alle interessanten Tauchgebiete im Süden der Insel, wo auch die großen Touristenzentren angesiedelt sind. Hier gibt es drei alteingesessene Tauchbasen, die auch zur Eigentümergemeinschaft der von August de Vylder geleiteten Druckkammer in Bahia Feliz (San Augustin) gehören. Es sind die Basen Top Diving (August de Vylder) in Puerto Rico, Tauchschule Nautico (Andy Sprotte) in San Augustin, die Tauchschule Sun Sub (Angel Duránd) im Hotel Buenaventura in Playa del Inglés und bald auch die Basis Canaria Diving Club (Stéphan Eyme) in Playa del Inglés. Bei diesen Basen ist durch ihre Mitgliedschaft eine Notfallversorgung in der z. Zt. einzigen Druckkammer der Insel garantiert. Sicher wird jeder Tauchunfall im Rahmen der Notfallversorgung dort behandelt, ganz gleich, auf welcher Basis sich der Unfall ereignet hat, wenn die Kostenfrage gesichert ist.

Außer den genannten sind inzwischen weitere Tauchbasen im Süden entstanden, die August de Vylder zum Teil als „illegal" bezeichnet. Tatsächlich ist auf den

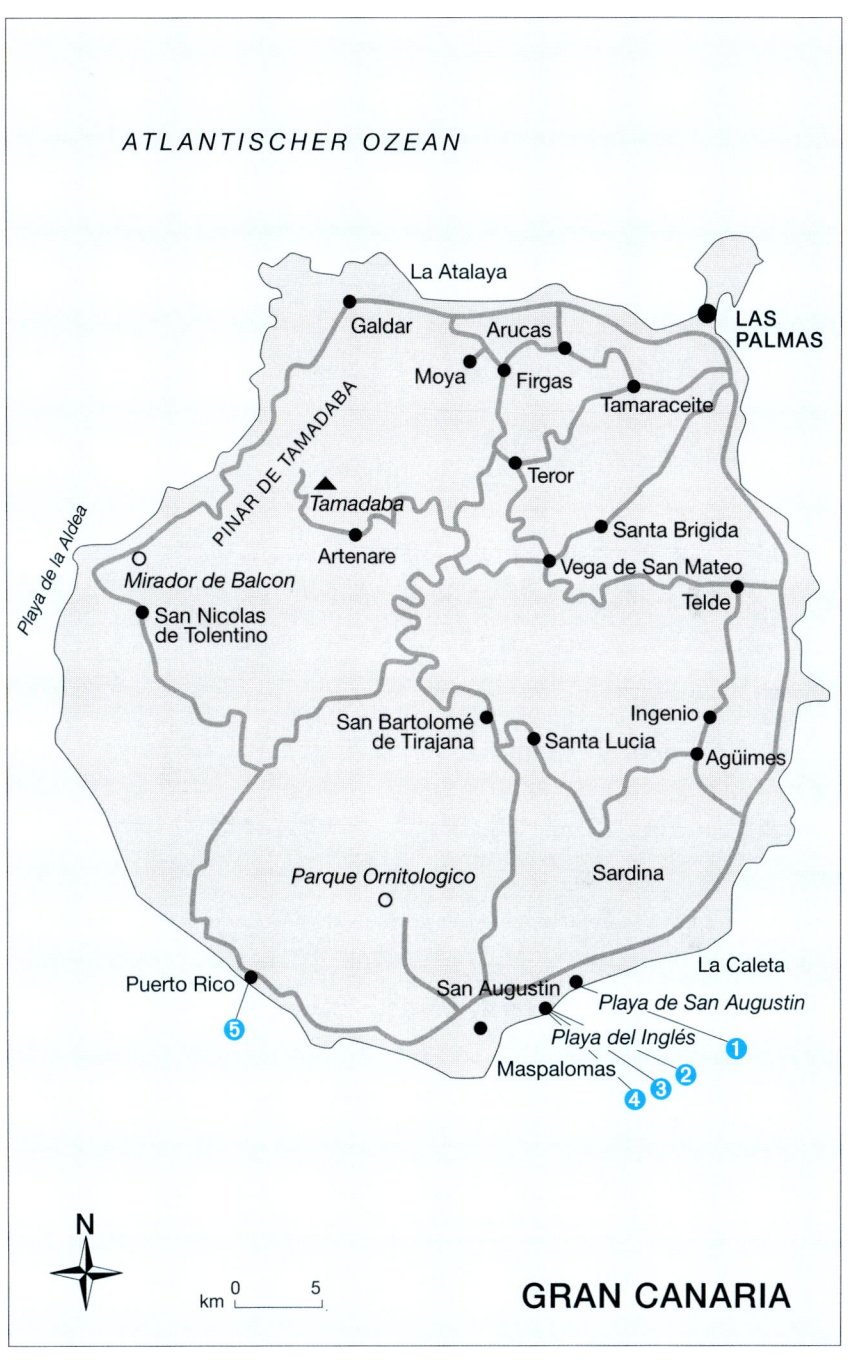

ATLANTISCHER OZEAN

La Atalaya

Galdar

Arucas

LAS
PALMAS

Moya

Firgas

Tamaraceite

PINAR DE TAMADABA

Teror

Tamadaba

Artenare

Santa Brigida

Playa de la Aldea

Mirador de Balcon

Vega de San Mateo

San Nicolas
de Tolentino

Telde

San Bartolomé
de Tirajana

Ingenio

Santa Lucia

Agüimes

Parque Ornitologico

Sardina

La Caleta

Puerto Rico

San Augustin

Playa de San Augustin

⑤

Playa del Inglés

①

Maspalomas

②

④ ③

N

km 0 5

GRAN CANARIA

Kanaren so etwas wie eine Gesetzeslücke entstanden, seitdem die Tauchbasen nicht mehr von der Marine kontrolliert werden. Noch vor ein paar Jahren war es nicht möglich, eine Tauchbasis zu eröffnen, wenn der Basisinhaber nicht FEDAS/CMAS-Tauchlehrer*** war und ein Kapitänspatent besaß.

Die hier aufgeführten Tauchbasen fahren nahezu dieselben Tauchplätze an. Es sind dieses die Gebiete um Arinaga mit verschiedenen Einstiegen und schönen Unterwasserstrukturen vulkanischen Ursprungs, der Leuchtturm von Arinaga, das Faro Riff, Pasito Blanco und die Tauchgebiete um Puerto de Morgán. Einige Basen veranstalten für erfahrene Taucher Tagesfahrten zu den Wracks vor Las Palmas.

Die Unterwasserfauna ist sehr vielseitig. Bisher sind 19 Walarten beschrieben, die der Taucher jedoch nicht zu Gesicht bekommen wird, ebensowenig wie Haie, die sich hier mit Ausnahme des Meerengels in größeren Wassertiefen aufhalten. Den bis zu 2 m großen Stachelrochen sieht man häufig, den größeren Keulenrochen seltener. Nach *Moreno* (1992) und *Brito* (1991) gibt es 553 Fischarten, darunter 60 Knorpel- und 493 Knochenfische. Für den Taucher faszinierend sind immer wieder die zahlreichen und hier auch farbenprächtigen Muränenarten, große Zackenbarsche, Barben, sowie große Brassen- und Makrelenschwärme. Barrakudas kommen auch in Schwärmen vor, Bonitos (Thunfisch) sieht man hauptsächlich in den Sommermonaten. Vielseitig sind auch die Weichtiere (Schnecken, Nacktschnecken, Kraken und Sepias), deren Farbenpracht und Aktivitäten man besonders bei Nachttauchgängen beobachten kann.

Ganz besonders aktuell ist das von August de Vylder angebotene „Technical Diving" mit dem Mischgas Nitrox und Rebreatherkurse mit einem englischen System (s. unter Top Diving).

Gran Canaria liegt unweit von Teneriffa und Lanzarote, so daß auch das von den Malediven bekannte „Inselhopping" möglich ist. Wir haben das versucht und sind von Teneriffa aus mit dem Tragflügelboot nach Gran Canaria übergesetzt, haben dort einen Leihwagen genommen, um im Süden zweimal zu tauchen und sind mit dem letzten Schiff nach eineinhalb Stunden Fahrt wieder in Santa Cruz de Tenerife angekommen – ein kostspieliges, stressiges Unternehmen. Fliegen dürfen Sie bei solchen Aktionen nicht, denn die Dekompressionsregeln verbieten das.

San Augustin

Das große Touristengebiet Costa Canaria verfügt über eine Bettenkapazität von 120.000 und erstreckt sich von San Augustin über Playa del Inglés nach Maspalomas. Die Hotelhochhäuser, Bungalow- und Apartmentanlagen gehen nahezu nahtlos ineinander über. Auf dem Weg in den Süden ist San Augustin das erste Ferienzentrum, in dem auch die deutsche Tauchschule Nautico von Andy Sprotte liegt.

1 Tauchschule Nautico

Die Tauchschule Nautico ist die älteste deutschsprachige Basis auf den Kanarischen Inseln. Sie wurde 1974 von Heinz Lange im Hotel Faro in Maspalomas gegründet und befindet sich jetzt in der Hotelanlage IFA-Inter Club Atlantic, wo sie im Juni 1997 ihr 25jähriges Bestehen gefeiert hat.

Name:	Tauchschule Nautico
Basisleiter:	Andy Sprotte
Tauchlehrerqualifikation:	PDIC (amerikanischer Verband) Instructor und CMAS-Tauchlehrer
Anschrift, Tel., Fax:	IFA-Inter Club Atlantic, Los Jazmines 2, E-35100 San Augustin, Gran Canaria, Islas Canarias Tel. 00-34-28-770200, Fax 00-34-28-141805, Tel. privat 00-34-28-141805, mobil 00-34-08-642816
Ausbildung:	nach PDIC- und CMAS-Richtlinien, alle Leistungsstufen und Spezialkurse bis zum Tauchlehrer
Nächste Druckkammer:	Druckkammer Bahia Feliz, die Basis ist Mitglied der Eigentümergemeinschaft
Kontaktpersonen in Deutschland:	IFA Hotel & Touristik AG, Postfach 210314, 47025 Duisburg, Tel. 0203-99276-60, Fax 0203-99276-91, Nulltarif 0130-852545, TUI und andere Reiseveranstalter

Lage

Die Basis ist in den IFA-Inter Club Atlantic integriert. Man findet sie, indem man halb um die Hotelanlage herum geht in Richtung Lieferanteneingang.

Basis

Die Basis ist sehr geräumig und besteht aus Schulungsraum, Trockenraum, Werkstatt für kleine Reparaturen, Gästelagerraum, Kompressorraum und einem großen Freiplatz vor der Basis. Zur technischen Ausrüstung gehören 40 Komplettausrüstungen, 2 Bauer-Kompressoren, 3 Kfz mit Anhänger, 1 großes Schlauchboot, spezielle Ausrüstungen für das Kindertauchen. Verliehen werden UW-Lampen und Sea&Sea-Fotokameras. Das international geschulte und mehrsprachige Basispersonal bietet ein angenehmes Ambiente.

Tauchbetrieb und Tauchplätze

Voraussetzung für Tauchschüler ist ein tauchsportärztliches Attest, das allerdings auch von einem der Tauchschule angeschlossenen Taucherarzt ausgestellt werden kann. Kinder bis zu 10 Jahren sind hiervon ausgenommen, da sie nur die Ausbildung im Pool machen können.

Die Ausbildung erfolgt nach den Richtlinien des amerikanischen Verbandes PDIC bis zum Tauchlehrerstatus, aber auch nach CMAS-Richtlinien. Poolausbildung und Schnuppertauchen werden in verschiedenen Ferienanlagen in Maspalomas, Playa del Inglés und San Augustin durchgeführt. Die Poolausbildung geschieht nach einem Modulsystem, in dem jede Lektion für sich abgeschlossen ist. Dadurch wird eine individuelle Kursgestaltung ermöglicht. Nach Abschluß des Tauchkurses, zu dem auch die ersten Tauchgänge im Meer gehören, erhält jeder Tauchschüler nach bestandener Prüfung den internationalen Tauchschein des jeweiligen Verbandes.

Zu den Tauchausfahrten trifft man sich nach einem strengen Zeitplan vor der Basis, und zwar montags, mittwochs, freitags und samstags jeweils um 9.15 Uhr, dienstags, donnerstags und sonntags jeweils um 13.00 Uhr. Die Basis kennt also keinen Ruhetag.

Die Tauchplätze hat uns Andy kurz beschrieben:

„**Arinaga** (Marine-Naturschutzpark): dort wird von Land aus getaucht. Drei Einstiegstellen bieten die Möglichkeit, sieben verschiedene Tauchplätze anzutauchen. Bei einer maximalen Wassertiefe von 30 m mit Kamin, Torbogen und mehreren Höhlen sowie einem sehr großen Fischvorkommen kommt dort jeder Taucher auf seine Kosten.

Meloneras: Bei diesem Bootstauchgang wird eine Tiefe von 22 m erreicht. Es handelt sich um ein ovales Plateauriff, an dem regelmäßig Fischschwärme mit großer Artenvielfalt und Barrakudas gesehen werden.

Mogán: Bootstauchgang an der ‚Alexandra', ein Wracktauchgang, wenn auch nur noch Reste an das ehemalige Schiff erinnern. Dafür begegnet man aber mit etwas Glück dem in Puerto Mogán stationierten Touristen U-Boot.

Puerto Rico: Mit einer maximalen Tiefe von 12 m eignet sich dieser Tauchplatz besonders für die ersten Freigewässertauchgänge unserer Schüler."

Unterkunft
Am sinnvollsten ist die Unterbringung in der Ferienanlage IFA-Inter Club Atlantic, einem 3-Sterne-Hotel mit geräumigen Hotelzimmern, Junior-Suiten und einem reichhaltigen Animationsprogramm (nach TUI-Katalog ab 939 DM pro Woche, Übernachtung mit Frühstück). Ansonsten Buchungen über IFA Hotel & Touristik AG, Telefon zum Nulltarif 0130-852545.

Preise
Ein Tauchgang mit Ausrüstung der Basis kostet ca. 4800 Pts, mit eigener Ausrüstung etwa 450 Pts weniger. Bei 8 Tauchgängen reduziert sich der Preis nochmals um ca. 1000 Pts pro Tauchgang. Für Boots- und Nachttauchgänge werden Zuschläge erhoben. Tauchkurse (Open Water Diver) werden für ca. 650 DM angeboten. Weitere internationale Sporttauchscheine und Spezialkurse bis zum Tauchlehrer auf Anfrage.

Großer Bärenkrebs (Scylarides latus).

Geschickt weiden Krabben die Algen ab.

Playa del Inglés

Playa del Inglés, ein neu entstandenes Ferienzentrum im Süden, ist nicht gerade anmutig schön, und es ist zunächst schwer, sich in den schachbrettartig angelegten Straßen inmitten großer Hotels und Apartmentanlagen zurecht zu finden. Dennoch gibt es einen schönen Sandstrand nordöstlich der Dunas de Maspalomas.

2 Internationale Tauchschule Club Sun Sub

Die von dem Spanier Angel Durán geleitete Basis besteht seit 1980 mit dem langjährigen kanarischen Dauerassistenten Adolfo Quintana und Angel Junior. Sie befindet sich in dem 3-Sterne-Hotel Buenaventura.

Name:	Internationale Tauchschule Club Sun Sub
Basisleiter:	Angel Durán Makarios
Tauchlehrerqualifikation:	FEDAS/CMAS-Tauchlehrer***, VDTL-Tauchlehrer****, Adolfo ist FEDAS/CMAS-Tauchlehrer**
Anschrift, Tel., Fax:	Hotel Buenaventura Playa, Plaza de Ansite s/n, E-35100 Playa del Inglés, Gran Canaria, Islas Canarias Tel. 00-34-28-761650, Fax 00-34-28-773748, Tel. Basis direkt 00-34-28-768864
Ausbildung:	FEDAS/CMAS- und VDTL-Richtlinien
Nächste Druckkammer:	Druckkammer Bahia Feliz, die Basis ist Mitglied der Eigentümergemeinschaft
Kontaktpersonen in Deutschland:	Buchungen über viele deutsche Reiseveranstalter

Lage
Die Basis liegt im Hotel Buenaventura Playa. Man orientiert sich an der Rezeption vorbei in Richtung Pool, den man links liegen läßt. Die Basisräume liegen dann unverfehlbar zur rechten Hand.

Basis
Die großzügig ausgestatteten Räume bieten auch für größere Gruppen bis zu 30 Personen ausreichend Platz. Eine entsprechende Anzahl von Komplettausrüstungen ist vorhanden. Für Ausfahrten stehen ein geräumiges Aluminiumboot und ein kleineres Boot zur Verfügung.

Tauchbetrieb und Tauchplätze
Das große Boot liegt in dem kleinen Hafen von Pasito Blanco, es wird auch für private Bootsausflüge genutzt. In jedem Falle werden die Taucher mit dem Auto entweder zu den Landtauchplätzen nach Arinaga oder zum Hafen nach Pasito Blanco gefahren. Eine Ausfahrt dauert etwa vier Stunden.

Die Tauchausbildung erfolgt vorwiegend nach CMAS-Richtlinien, es sind aber auch andere Brevetierungen (z. B. SSI) möglich. Tauchkurse beginnen stets Montag um 16.00 Uhr und dauern 5 Tage. Ein Kursus umfaßt drei praktische Übungen im Pool, Tauchtheorie und zwei Tauchgänge im Meer (Grundtauchschein). Für den CMAS* (DTSA Bronze) werden drei zusätzliche Tauchgänge nötig. Die Basis ist ganzjährig von 10.00–10.30 Uhr und von 13.30–18.00 Uhr geöffnet, sonntags ist Ruhetag.

Die Tauchplätze liegen bei Arinaga (Landtauchgänge), Pasito Blanco (Boots-tauchgänge) und Puerto Morgán (ebenfalls Bootstauchgänge).

Unterkunft
Das Hotel bietet sich für Unterkünfte an. Es ist ein sehr großes Hotel mit 724 geräumigen Zimmern, wobei Wohn- und Schlafräume getrennt sind. Zahlreiche Bars und verschiedene Restaurants sowie ein umfangreiches Animationsprogramm sollen für Unterhaltung sorgen. Für uns hatten sie bei dem Massenbetrieb mit über 1.500 Betten allerdings kein Zimmer frei, wir waren ja auch unangemeldet erschienen. Buchungen sind über viele deutsche Reisbüros möglich.

Preise
Ein Tauchgang mit Ausrüstung der Basis kostet ca. 4000 Pts, mit eigener Ausrüstung etwa 500 Pts weniger. Bei 10 Tauchgängen reduziert sich der Preis um ca. 400–700 Pts pro Tauchgang. Anfängerkurse werden zwischen 35.000 und 55.000 Pts angeboten.

3 Gran Canaria Diving Club
Es handelt sich um eine neue französische Basis, die wir leider noch nicht besuchen konnten. Der Besitzer ist französischer FFESSM/CMAS-Tauchlehrer***, BSAC-Tauchlehrer und PADI Instructor.

Name:	Gran Canaria Diving Club
Basisleiter:	Stéphane Eyme
Tauchlehrerqualifikation:	FFESSM/CMAS- und BSAC/CMAS- Tauchlehrer***, PADI Instructor
Anschrift, Tel., Fax:	Gran Canaria Diving Club, Avda. de Tirajana 24, E-35100 Playa del Inglés, Gran Canaria, Islas Canarias Tel. 00-34-28-774539, mobil 00-34-9-552784, Fax 00-34-28-774539
Ausbildung:	FFESSM/CMAS- und BSAC/CMAS-Richtlinien, alle PADI-Stufen
Nächste Druckkammer:	Druckkammer Bahia Feliz, die Basis ist Mitglied der Eigentümergemeinschaft
Kontaktpersonen in Deutschland:	Buchungen über Direktkontakt zu der Basis

Lage
Die Basis liegt inmitten von Playa del Inglés auf der Avenida de Tirajana. Das ist die große Hauptstraße, die von Norden nach Süden verläuft und in einen Kreisverkehr in Strandnähe mündet.

Basis
Die Basisfläche beträgt 100 m², bestehend aus einem großen Funktionsraum, einem Unterrichtsraum für 15 Personen, Duschraum, Materialraum und Büro. Sie verfügt über neue komplette Ausrüstungen, einen Bauer-Kompressor, 12 und 15 l Tauchgeräte und Lungenautomaten mit Octopus und Finimeter. UW-Lampen, UW-Fotoapparate und UW-Videogeräte werden verliehen. Ausfahrten erfolgen mit einem großen Schlauchboot für 12 Taucher.
Stéphane bietet einen Pick up-Service, d. h. sie holen die Taucher aus ihren Unterkünften ab und bringen sie nach dem Tauchgang auch wieder zurück.

Preise
Ein Tauchgang mit Ausrüstung der Basis kostet ca. 5000 Pts. Bei 10 Tauchgängen reduziert sich der Preis um ca. 1500 Pts pro Tauchgang. Ausrüstungsteile können auch von der Basis geliehen werden. Tauchkurse vom Anfänger bis zum Dive Master sowie Spezialbrevets werden von 25.000–90.000 Pts angeboten.
Bei den Kursen sind Versicherung und die gesamte Ausrüstung im Preis eingeschlossen.

4 Taucher-Treff Arielle
Dieses ist eine neue Basis in Playa del Inglés eines neuen deutschen Tauchsportverbandes FIT, der dem europäischen Verband CEDIP angeschlossen ist.
Name: Taucher-Treff Arielle
Basisleiter: Roman Lehmann, Inhaberin ist Irmtraud Nienaber

Oben links: Brauner Eidechsenfisch (Synodused synodus).
Oben rechts: Brauner Feilenfisch (Stephanolepis hispidus).
Mitte links: Mittelmeermuräne (Muraena helena).
Mitte rechts: Großaugen-Meeraal (Paraconger macrops).
Unten links: Engelshai auf der Flucht.
Unten rechts: Papagaienfisch im „Schlafanzug".

Tauchlehrerqualifikation:	FIT/CEDIP-Tauchlehrer
Anschrift, Tel., Fax:	Taucher-Treff Arielle, C.C. Eurocenter, Avda. de Tirajana 18, E-35100 Playa del Inglés, Gran Canaria, Islas Canarias, Tel. 00-34-28-766334, Fax 00-34-28-771641, mobil 00-34-08-928083
Ausbildung:	FIT/CEDIP, alle Stufen bis zum Tauchlehrer
Nächste Druckkammer:	Druckkammer Bahia Feliz, die Basis ist allerdings kein Mitglied der Eigentümergemeinschaft
Kontaktpersonen in Deutschland:	Buchungen über Direktkontakt zu der Tauchbasis

Die Basis haben wir nicht selbst besucht. Sie befindet sich im Einkaufszentrum Eurocentrum neben der Nationalpolizei (Policia National) im Untergeschoß, Ladenlokal Nr. 180–183, Avenida de Tirajana 18. Der Schulungsraum liegt auch in diesen Räumen, ebenso ein Tauchshop.
In der Ausbildung bieten sie alle Leistungsstufen nach FIT/CEDIP und Spezialkurse an, Boots- und Landtauchgänge stehen gleichermaßen im Programm. Die Tauchgebiete sind das Unterwasser-Naturschutzgebiet Arinaga und die Gebiete hinter Puerto de Mogán.
Bei der Unterkunft sind die Basisleute behilflich. Sie bieten 1 Woche Apartment inklusive 5 Tauchgängen (eigene Ausrüstung) ab 590 DM pro Person an.

Preise
Ein Tauchgang mit Ausrüstung der Basis kostet ca. 4700 Pts, bei eigener Ausrüstung ca. 1400 Pts weniger. Bei 10 Tauchgängen gibt es einen Rabatt von 10 %. Für Boots-, Nacht- und Höhlentauchgänge wird ein Zuschlag erhoben. Die verschiedenen Tauchkurse von Elementar bis Gold sowie Spezialbrevets werden zwischen 15.000 und 37.000 Pts angeboten.

Puerto Rico

Puerto Rico ist ein neues, sozusagen in den Felsen gesprengtes Touristenzentrum, das fast nur aus Apartmentanlagen besteht. Die Ausdehnung der Bauaktivitäten erfolgt immer mehr bergauf, so daß die Wege zu dem viel zu kleinen, künstlich angelegten Strand für die Besucher immer weiter werden. Dennoch ist die Siedlung gepflegt, sehr sauber und frei von dem von Playa del Inglés gewohnten Touristenrummel.

5 Top Diving

Die Tauchbasis des Belgiers August de Vylder ist in den letzten Jahren sehr bekannt geworden, zumal er als Privatmann die einzige Druckkammer auf Gran Canaria betreut und andererseits das Technical Diving mit Mischgastauchen und Rebreathertauchen auf den Kanarischen Inseln für den Hobbytaucher eingeführt hat.

Name:	Top Diving
Basisleiter:	August de Vylder
Tauchlehrerqualifikation:	BSAC/CMAS-Tauchlehrer***, PADI-Instructor, IAND- und Oceantec Instructor
Anschrift, Tel., Fax:	Puerto Escala s/n, E-35130 Puerto Rico, Gran Canaria, Islas Canarias, Tel. und Fax 00-34-28-560609
Ausbildung:	alle CMAS- und PADI-Stufen, Ausbildung auch in Technical Diving nach IAND (International Association of Nitrox and TECHNICAL Divers) und Oceantec
Nächste Druckkammer:	Druckkammer Bahia Feliz, die Basis ist Mitglied der Eigentümergemeinschaft
Kontaktpersonen in Deutschland:	Buchungen über Direktkontakt zu der Tauchbasis und über deutsche Reisebüros nach Puerto Rico

Lage

Von dem großen Kreisverkehr an der Hauptstraße orientiert man sich zum Hafen, Puerto Escala. Die Basis liegt dann unmittelbar vor der großen Kaimauer rechts in der Ecke. Man kann das Auto bequem im Bereich des Hafens parken, außerhalb des Hafens sind die Parkmöglichkeiten begrenzt.

Basis

Die bis jetzt noch kleine Tauchbasis ist mit allen erdenklichen Ausrüstungsgegenständen ausgestattet, nicht zuletzt mit Mischgas-Tauchgeräten (Nitrox, ab 1998 auch Trimix) und Rebreathersystemen. Im Hafen von Puerto Rico liegen direkt vor der Tauchbasis ein großes Schlauchboot und ein weiteres Boot, in Las Palmas gibt es ein großes 15 m Boot für die Wracktauchgänge.

1998 soll die Basis erheblich vergrößert werden. Die zur Zeit einzige Druckkammer auf Gran Canaria soll dann hier ihren festen Platz haben. Jetzt befindet sich die Druckkammer noch in Bahia Feliz, einem kleineren Ferienzentrum in der Nähe von San Augustin. Hier betreibt August auch ein Schulungszentrum für die Tauchbasis.

Druckkammereinrichtung auf Gran Canaria.

Tauchbetrieb und Tauchplätze

August de Vylder hat zahlreiche Tauchlehrer und Assistenten zur Verfügung, die das große Angebot der Ausbildung und Spezialkurse bewerkstelligen können. Das Tauchprogramm läuft nach einem strengen Reglement ab. Folgende Tauchplätze, die zwischen 10 und 40 Minuten Bootsfahrt entfernt sind, werden angefahren: Puerto Rico Riff (15 m), Bahia Blanca Riff, El Perchel Riff (12 m), Medio Almud Riff (12 m), Pasito Blanco Riff (18 m), Taurito Riff (12 m), Höhlen von Mogán (15 m), Alexandra Wrack (20 m) und Wrack von Mogán (20 m).

Die Reservierung für die Tauchgänge muß einen Tag vorher in der Basis oder auch telefonisch erfolgen. Man trifft sich vormittags an der Basis um 9.30 Uhr und nachmittags um 15.30 Uhr. Mindestens ein Instructor begleitet die Tauchgänge, ein gültiges Brevet ist als Ausbildungsnachweis vorzuzeigen.

Parallel dazu wird nach BSAC/CMAS- und PADI-Richtlinien Ausbildung betrieben Die Ausbildung im Mischgastauchen erfolgt nach IAND-Richtlinien (International Association of Nitrox and Technical Divers) und Oceantec. Natürlich gehören auch Landtauchgänge zum Programm.

Unterkunft
Die Basis ist keinem speziellen Hotel angeschlossen. Es empfiehlt sich die
Buchung eines Hotels oder Apartments in Puerto Rico über ein Reisebüro in
Deutschland. Die Basis bietet einen Pick up-Service an, so daß die An- und
Abfahrt gesichert sind.

Preise
Ein Tauchgang mit Ausrüstung der Basis kostet ca. 5000 Pts, bei eigener Ausrüstung wird es ca. 1100 Pts billiger. Bei 10 Tauchgängen reduziert sich der Preis
um ca. 1000–1400 Pts pro Tauchgang. Nitrox-Tauchgänge kosten einen Aufpreis
von ca. 1500 Pts, eingeschlossen ist die Benutzergebühr für die Druckkammer.
Preise für die Kurse nach BSAC/CMAS und PADI erhält man auf Anfrage. Die
verschiedenen Nitrox- und Rebreatherkurse liegen zwischen 10.000 und 200.000
Pts.

*Um Schäden am Riff zu vermeiden, sollte man immer auf genügend Abstand
achten.*

Fuerteventura

Fuerteventura gehört politisch zur Provinz Las Palmas, zu der die Inseln Gran Canaria, Fuerteventura und Lanzarote zu rechnen sind. Sie ist mit 1731 km² die zweitgrößte Kanarische Insel. Größer ist Teneriffa, kleiner sind Gran Canaria, Lanzarote, La Palma, La Gomera und El Hierro. Die Provinzhauptstadt ist Las Palmas auf Gran Canaria. Die Inselhauptstadt ist Puerto del Rosario mit ca. 18.000 Einwohnern. Verwaltet wird die Insel von der Inselregierung, dem Cabildo Insular. Der Verwaltungsbezirk besteht aus 6 Gemeindeverwaltungen: Puerto del Rosario, La Olivia, Betancuria, Antigua, Tuineje und Pájara.

Wesentliche Wirtschaftszweige mit entsprechendem Export gibt es auf Fuerteventura nicht. Fischerei, Ackerbau und Viehwirtschaft sind die wichtigsten traditionellen Erwerbsquellen. Die Produkte dienen zur Eigenversorgung der Bevölkerung. Genießen Sie in einem Luxushotel eine Seezunge (Lenguado), so kommt diese mit Sicherheit tiefgefroren von Gran Canaria. Exportiert werden lediglich Tomaten. Die Ziegenhaltung schafft eine Überproduktion von Ziegenkäse, der überall in vielen Zubereitungen und Preislagen (bis 17 DM pro kg) angeboten wird. Der Tourismus ist inzwischen die wichtigste Erwerbsquelle. Während 1968 nur 1.400 Touristen erfaßt wurden, sind es inzwischen 350.000 im Jahr, und die Zahl der Gästebetten liegt inzwischen bei 50.000. Ein Ende dieser Entwicklung ist bis jetzt noch nicht abzusehen.

Geographisch gehört die Insel zu Afrika. Sie liegt auf der gleichen Höhe wie Südmarokko und ist nur 80 km vom afrikanischen Kontinent entfernt.

Das Klima ist ein subtropisches Wüstenklima. Die Temperaturen schwanken das ganze Jahr über nur geringfügig, in den Sommermonaten von 25–32°C, und in den Wintermonaten von 24–26°C. Die Wassertemperaturen liegen um 18–20°C, so daß beim Tauchen ein Tropentauchanzug ohne Kopfbedeckung sicherlich zur Kälteisolierung nicht ausreicht. Durch die ausgeprägte Lufttrockenheit und die Windverhältnisse läßt sich jedoch die Wärme auf Fuerteventura besser ertragen als auf den anderen Inseln oder in tropischen Gegenden.

Wer hauptsächlich zum Tauchen nach Fuerteventura fährt, wird sicherlich nicht enttäuscht sein, findet er hier doch mit großer Sicherheit die größte Auswahl der im Südatlantik vorkommenden Fischarten – wie auf keiner anderen Kanarischen Insel. Wir selbst waren sehr enttäuscht, wie sich der Tourismus in den letzten 20 Jahren auf dieser Insel entwickelt hat. War sie einst die liebenswürdige, einsame und wüstenhaft anmutende Insel für den Individualurlauber, so ist sie jetzt vom Massentourismus mit all seinen negativen Folgen erobert. Der Bauboom der letzten Jahre hat zwar die Küstenregionen stark verändert, geblieben sind jedoch

die schönen, kilometerlangen goldgelben Sandstrände im Süden und im Norden
(Jandia 28 km, Corralejo 6 km), die schwarzen Sandstrände im Mittelteil der Insel
und die endlos erscheinende Wüsten- und Geröllandschaft im Innern der Insel.
Das bedeutendste Touristenzentrum ist die im Süden liegende Halbinsel Jandia,
wo fast ausschließlich deutsche Urlauber ihre schönsten Tage des Jahres verbringen. Natürlich befinden sich auch hier die meisten Tauchbasen der Insel. Im Mittelteil lebt ca. 80 % der Bevölkerung. In diesem Bereich sollten Sie das Landesinnere auf eigene Faust erkunden. Ausgehend von weiten, muldenförmigen
Tälern geht es in Richtung Westen in ein Bergland (722 m) mit tief eingeschnitte-
nen Tälern und schönen Palmenoasen. Historische Bedeutung haben die küsten-
fern gelegenen Ortschaften Antigua, Betancuria, La Olivia, Pájara und Tuineje.
Das zweitwichtigste Urlaubsgebiet ist die Gegend um Corralejo im Norden mit
dem sich 20 km in Richtung Süden ausdehnenden Dünengebiet, das teilweise
nahtlos in den Strand übergeht.

Anreise

Die schnellste, preisgünstigste und bequemste Art, auf Fuerteventura einen
Tauchurlaub zu verbringen, ist die in Deutschland organisierte Flugreise nach
Puerto del Rosario (der Flughafen liegt 8 km südlich der Stadt). Die Flugpreise
liegen je nach Saison zwischen 650 und 850 DM, Last-Minute-Flüge kosten sogar
nur 300–450 DM. Die Flugzeit beträgt je nach Windverhältnissen 4–5 Std. Für
Langzeiturlauber, die ihren eigenen PKW mitnehmen möchten, gibt es die Alternative von Südspanien (Cadiz) aus mit der Fähre über Zwischenstops in Teneriffa
und Gran Canaria nach Lanzarote zu gelangen. Von dort muß man mit einer zweiten Fähre nach Fuerteventura (Corralejo) übersetzen. Die Fährverbindung
Cadiz–Lanzarote dauert 2$^1/_2$ Tage, Tickets müssen unbedingt in einem deutschen
Reisebüro vorbestellt werden. Die Verbindung von und zu den anderen Kanarischen Inseln sind über Inlandflüge, Fähren oder die schnellen Tragflügelboote
(Kosten identisch mit den Flugpreisen) möglich.

Tauchen auf Fuerteventura

Wie überall auf den Kanarischen Inseln hat auch auf Fuerteventura der Tauchsport
in den letzten Jahren einen deutlichen Aufwärtstrend erlebt. Die besten Tauchgebiete und damit auch alle Tauchbasen liegen an der Ostküste. Im Norden (Corralejo) liegen die spanische Tauchbasis Diving Center Corralejo und die deutsche
Basis Atlantico von Leo Kroesen. Im mittleren Osten (Caleta de Fustes, Playa del
Castillo) ist Peter Hein mit seiner Basis Deep Blue in eine neue Anlage umgezogen. Die ehemalige Basis nennt sich jetzt Dressel Divers Club International und

ist in die Hotelanlage Barcelo Club El Castillo integriert. Im Bereich Costa Calma gibt es nur die schon lange bestehende Tauchbasis Acuarios Jandia des Deutschen Arnulf Brozy im Sotavento Beach Club. Im Süden (Jandia Playa) finden Sie die großen Clubanlagen Aldiana und den Robinson Club, die vertraglich bedingt nur für clubeigene Gäste zuständig sind. Die Tauchschule Felix und der Club Aquamarin sind freie Tauchschulen, die nicht an eine Hotelanlage gebunden sind. Im Westen der Insel gibt es keine Tauchbasen. Das Schwimmen und Tauchen ist dort sehr gefährlich, weil ständig unberechenbare Strömungen auftreten können. Es wird an dieser Stelle ausdrücklich davor gewarnt, das an der Playa de Garcey liegende Wrack der „American Star" zu betauchen, es anzuschwimmen oder zu besteigen. Es hat bisher 7 Tote gegeben! Das ehemalige Kreuzfahrtschiff sollte im Januar 1994 von einem ukrainischen Schlepper nach Thailand geschleppt werden. Nordwestlich der Kanarischen Inseln geriet der Schleppverband in schweren Sturm, so daß das Seil riß, und die „American Star" steuerlos ohne Passagiere und Besatzung gegen die felsige Westküste der Insel trieb, wo sie am 18. Januar 1994 auf eine Sandbank auflief. Schade, an der Ostküste wäre sie jetzt sicherlich ein schöner Tauchplatz. Die Gefahr des Betauchens liegt darin, daß Strudel, Sog und Strömungen Schwimmer vor allem an der Seeseite unter das in der Mitte auseinandergeborstene Schiff ziehen können. Im Laufe der Zeit hat der Schwemmsand eine Verbindung zum Wrack geschaffen, so daß man es bei Ebbe auch zu Fuß erreichen könnte. Versuchen Sie es aber bitte nicht, denn es wird bewacht. Andererseits besteht die Gefahr, auf den rostigen Böden einzubrechen, und ausgeplündert ist es ohnehin schon.

Die Notfallversorgung für den Tauchunfall ist auf Fuerteventura gut geregelt. Eine gut funktionierende Druckkammer ist im Robinson Club installiert. Sie gehört einer Gemeinschaft, der allerdings nicht alle Tauchbasen angeschlossen sind. Jeder Tauchunfall kann in dieser Mehrpersonen-Druckkammer versorgt werden, ganz gleich, auf welcher Basis getaucht wurde. Die Einrichtung ist ärztlich und technisch (Camarista) geleitet, sie bietet einen 24-Stunden-Service an.

Corralejo

Das einstige Fischerdorf Corralejo ist nach der Halbinsel Jandia mit 1670 Einwohnern das zweitgrößte Touristenzentrum der Insel, nicht zuletzt durch das nach Süden angrenzende, ca. 20 km^2 große Dünengebiet El Jable mit modernen Hotelanlagen und ausgedehnten Strandgebieten. Auch Taucher kommen natürlich voll auf ihre Kosten. Unterirdische Lavaströme prägen die Unterwasserwelt von Corralejo, insbesondere die der Meerenge von El Rio und der kleinen vorgelagerten Insel Los Lobos.

Der Ort selbst wurde erst 1940 gegründet, Sehenswürdigkeiten gibt es nicht. Er ist eine eigenartige Mischung zwischen den alten Häusern der Einheimischen und

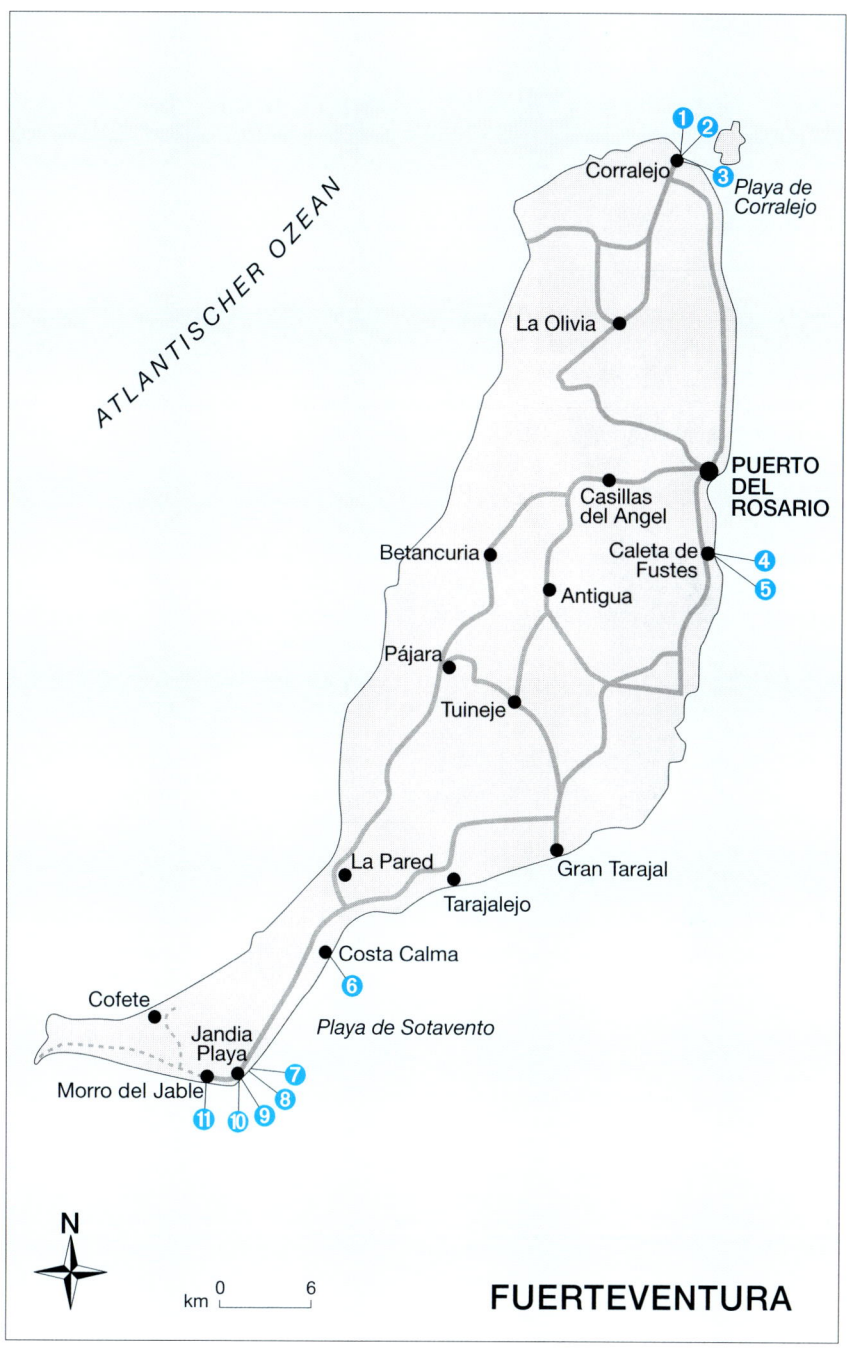

ATLANTISCHER OZEAN

Corralejo **①②**

③ *Playa de Corralejo*

La Olivia

Casillas del Angel

PUERTO DEL ROSARIO

Betancuria

Caleta de Fustes **④**
⑤

Antigua

Pájara

Tuineje

La Pared

Gran Tarajal

Tarajalejo

Costa Calma
⑥

Cofete

Playa de Sotavento

Jandia Playa

Morro del Jable **⑦**
⑧
⑪ **⑩** **⑨**

N

km 0 ___ 6

FUERTEVENTURA

den für den Tourismus geschaffenen Investitionen wie Tavernen, Fischrestaurants, Kneipen, Touristenshops und Sportboutiquen, die natürlich nicht von Einheimischen geleitet werden. Erfreulich, daß es im Stadtgebiet keine großen Hotelblocks gibt.

1 Diving Center Corralejo

Die von dem Spanier Miguel Abella Cerdá geführte Tauchbasis ist eine der ältesten auf der Insel, sie ist nicht an ein Hotel gebunden.

Name:	Diving Center Corralejo
Basisleiter:	Miguel Abella Cerdá
Tauchlehrerqualifikation:	Miguel ist FEDAS/CMAS-Tauchlehrer*** und PADI-Instructor
Anschrift, Tel., Fax:	P.O. Box 29, E-35660 Corralejo, Fuerteventura, Islas Canarias Tel. (928) 866243, Fax (928) 866243, mobil 00-34-08-018277 und 00-34-07-601953. Vorwahl von Deutschland 00-34-28-866243
Ausbildung:	bis FEDAS/CMAS*** einschließlich aller Spezialkurse und alle PADI-Stufen bis PADI-Assistant Instructor
Nächste Druckkammer:	Druckkammer im Robinson Club
Kontaktpersonen in Deutschland:	keine, bei Fragen rufen Sie ihn direkt an, er spricht sehr gutes Deutsch

Lage
Die Tauchbasis liegt in einem einzeln stehenden Haus auf einem freien Platz direkt am Hafen, wo sich auch die Anlegestelle für die Fähre nach Lanzarote befindet. Im April 1998 wird die Basis in ein unweit liegendes neues Gebäude umziehen.

Basis
Die Basis verfügt über ausreichend Ausrüstung, 3 Kompressoren und eine große Werkstatt, die der Basis direkt angeschlossen ist. Weiter verfügt Miguel über ein Tauchschiff für 8 Personen und ein Schlauchboot.

Tauchbetrieb
Die Anfänger gehen zur Schwimmbadausbildung in die Pools einiger benachbarter Hotels, die Freiwasserausbildung erfolgt an flachen, sicheren Tauchplätzen im Meer. Zweimal täglich finden Tauchausfahrten statt. Miguel geht sehr individuell auf seine Tauchgäste ein. Wir haben z. B. eine schöne Tagesfahrt zur Insel Los Lobos unternommen mit zwei Tauchgängen bei El Rio und einem kanarischen Essen auf der Insel im „Hilton Lobos".

Tauchplätze

Die Tauchgebiete befinden sich zwischen Fuerteventura und der vorgelagerten ehemaligen Pirateninsel Los Lobos. Sie beeindrucken durch ungewöhnlichen Fischreichtum, Artenvielfalt sowie zahlreiche Überhänge, Grotten und Höhlen. Es handelt sich um Lavariffe, deren bizarre Formen starke Eindrücke auf den Taucher hinterlassen. Die Tauchplätze liegen zwischen 10 und 25 m tief, sie werden in 10–20 min Bootsfahrt erreicht.

Miguels Kommentar zu seinem Tauchrevier: „Im nördlichen Dreieck der Insel, gebildet von dem Fischerdorf Corralejo, der Insel Lobos und den Dünen, in einer Tiefe von nicht mehr als 17 m, kann man die größte Schau der Unterwasserwelt erleben: Der Flug des Rochens, die durchsichtige Schönheit des Papageifisches, die Schnelligkeit eines Barrakudas, das Zusammendrängen der Stöcker und Weißbrassen, die gemächliche Schwimmkunst der Zackenbarsche, die Neugier der Dorsche, das Schlängeln der Muränen und die Unersättlichkeit der Riffbarsche, die sich gierig um alles streiten, was ihnen geboten wird. Das sind die Gründe, warum in Jandia und Corralejo je ein Unterwasser-Naturschutzgebiet gegründet wurde: um die Unterwasserfauna und -flora zu erhalten, indem diese Gebiete unter Naturschutz gestellt werden und um diese Variante des Tourismus für die Liebhaber unserer Tiefen zu fördern und zu erhalten."

Unterkunft

Die Basis kann eine Fülle von Unterkunftsmöglichkeiten vermitteln: große Luxushotels, Bungalows, Wohnungen und preiswerte Apartments. Durch eine Fax-Anfrage an Miguel (00-34-28-866243) läßt sich dieses Problem schnell lösen.

Preise

Ein Tauchgang mit Ausrüstung der Basis kostet ca. 6000 Pts, mit eigener Ausrüstung kostet er ca. 4500 Pts. Bei 10 Tauchgängen reduziert sich der Preis um ca. 1400 Pts pro Tauchgang. Nachttauchgänge kosten einen Zuschlag. Anfängerkurse werden um die 65.000 Pts angeboten. Miguel bietet insgesamt 20 weitere PADI-Spezialkurse an und schickt Ihnen auf Anfrage gerne die komplette Preisliste zu.

2 Atlantico

Die von dem gebürtigen Holländer und in Deutschland aufgewachsenen Leo Kroesen geführte Tauchbasis Atlantico ist eine PADI-Basis.

Name:	Atlantico
Basisleiter:	Leo Kroesen
Tauchlehrerqualifikation:	PADI-Instructor
Anschrift, Tel., Fax:	Grandes Playas 72, E-35660 Corralejo, Fuerteventura, Islas Canarias
	Tel. (928) 535753, Fax (928) 535825, von Deutschland 00-34-28-535753

Ausbildung: alle PADI-Stufen bis PADI-Assistant Instruc-
                                   tor und PADI-Spezialkurse
Nächste Druckkammer: Druckkammer im Robinson Club
Kontaktpersonen in Deutschland: keine, bei Fragen rufen Sie ihn direkt an

Lage
Die Basis liegt außerhalb des Stadtgebietes von Corralejo im Strandbereich Gran-
des Playas 72 und ist entsprechend dem abgebildeten Lageplan leicht zu finden.

Basis und Tauchbetrieb
Die Ausstattung der Basis ist neu, entsprechend sind dies auch die Komplett-
geräte und die übrige Ausstattung. Leo bietet PADI-Ausbildung an. Ausfahrten erfolgen zweimal täglich. Der besondere Service ist ein Abholdienst von der Unterkunft sowie Mithilfe bei der Beschaffung von Wohnmög-
lichkeiten.

Seine Tauchplätze beschreibt er folgendermaßen. „Wir hoffen, mit über 20 Tauchplätzen reichlich Variationen anzubieten, die jeglichen Ansprüchen eines Sport-
tauchers gerecht werden. Hier einige Beispiele: In Puerto Ventura, 14 km von
Corralejo entfernt, bietet der verlassene Hafen der Villenanlage Parques Holandés
für Einsteiger wie auch für Fortgeschrittene einen Tiefenbereich zwischen 5
und 16 m. Von Barben oder Trompetenfischen über Sepias und Octopusse
bis hin zu Großfischen wie z. B. Rochen, Meerengeln und Zackenbarschen
gibt es eine reiche Fauna. Die bunte Unterwasserwelt des Rochens hat sich
schnell zum Lieblingstauchgang unserer Gäste entwickelt. Diese Unterwasserwelt bietet brillante Farbvariationen. Ab ca. 10 m erstreckt sich eine Felsenwelt,
die dem Grund des Grand Canyons stark ähnelt und sich bis zu einer Tiefe
von 25 m erstreckt. Die vielen kleinen Höhlen sind zwar nicht zum Höhlentauchen
geeignet, machen diesen Tauchplatz dennoch zum unvergeßlichen Erlebnis. Puerto Lajas ist ein Tauchplatz, der an eine große Frühlingswiese erinnert.
Dieser Tauchplatz ist zwar nicht tief, der Fischreichtum und die wunderbare Sicht
entschädigen jedoch die Taucher, die sonst gerne tiefer tauchen. Der Tauchplatz Las Salinas bietet im Umkreis von einem Kilometer 5 Möglichkeiten zum
Tauchen und 5 verschiedene Unterwasserlandschaften. Die hohe Anzahl an
Großfischen (es wurden auch Delphine gesehen), z. B. Barrakudas in großen
Schwärmen, Meerengel, Muränen und Kraken, machen diese Tauchplätze immer
wieder interessant.

Preise
Ein Tauchgang mit Ausrüstung der Basis kostet ca. 3900 Pts, mit eigener Ausrüstung kostet er ca. 3000 Pts. Nachttauchgänge kosten einen Zuschlag. Anfängerkurse werden um die 40.000 Pts angeboten, übrige Kurse auf Anfrage.

Schon längst setzt man auf Fuerteventura auch auf alternative Energien.

Selbst in der Hauptsaison bietet Fuerteventura seinen Gästen genügend Freiräume.

3 Pro-Dive-Center

Diese Basis gehört zum Pro-Dive-Service (Inhaber Volkmar Göldner), dem zahlreiche Tauchbasen, auch im Mittelmeerbereich, angegliedert sind. Sie ist in den Club Trendorado (Las Brisas) integriert.

Name:	Pro-Dive-Center
Basisleiter:	Volkmar Göldner, Pro-Dive-Service
Tauchlehrerqualifikation:	PADI-Instructor, VDST-Tl**
Anschrift, Tel., Fax:	Trendorado-Club (Las Brisas), E-35660 Corralejo
Ausbildung:	alle PADI- und VDST-Stufen sowie Spezialkurse, Ausbildung von Tauchlehrern
Nächste Druckkammer:	Druckkammer im Robinson Club
Kontaktpersonen in Deutschland:	Pro-Dive-Service, 57299 Burbach, Tel. 02736/491515, Fax 02736/491516, Buchung über TUI (FreeWorld-Katalog), Neckermann und ITS

Lage
Die Basis liegt im Norden der Insel im Strandbereich von Corralejo. Sie gehört zum Club Trendorado, man kann sie in wenigen Minuten vom Ortskern Corralejo aus zu Fuß erreichen.

Basis und Tauchbetrieb
Zwei Kompressoren und ausreichend Ausrüstung sind das Inventar der Basis. Drei Landrover stehen für Strandtauchgänge zu Verfügung. Der Schwerpunkt liegt in der Anfängerausbildung, hierfür gibt es einen komplett eingerichteten Schulungsraum mit Overheadprojektor, Video und Bibliothek. Die MTA-Basis (Mitglied-Tauchbasis Ausland des VDST) bildet nach VDST- und PADI-Richtlinien aus. Bei 20–27°C Wassertemperatur und durchschnittlichen Sichtweiten von 25 m taucht man an flach abfallenden Sand- und Felsstränden von Land aus, bei Boots-tauchgängen sieht man bizarre Felslandschaften, Steilwände und Grotten mit Meerengeln, großen Rochen und Barrakudaschwärmen.

Caleta de Fustes

Caleta de Fustes ist die offizielle postalische Bezeichnung des ca. 7 km südlich des Flughafens liegenden Ferienzentrums. Die sonst noch gebräuchlichen Ausdrücke sind El Castillo, Playa del Castillo oder Caleta Fuste. Bis auf das Wahrzeichen El Castillo, ein 1740 zum Schutz vor Seeräubern erbauter Turm, gibt es keine Sehenswürdigkeiten. Die Ferienanlage El Castillo schließt sich unmittelbar an den schönen gelben Sandstrand an. In dieser Anlage und in ihrer direkten Nähe finden wir auch die beiden Tauchbasen des Ortes.

4 Deep Blue

Deep Blue war unter der Leitung von Peter und Regine Hein bis Sommer 1997 die Tauchbasis des Hotels Barcelo Club El Castillo. Jetzt befindet sie sich in dem ganz neu erbauten Hotel Castillo San Jorge ca. 4 km vom Flughafen entfernt und direkt am Meer.

Name:	Deep Blue
Basisleiter:	Peter und Regine Hein
Tauchlehrerqualifikation:	Peter ist VDST- und Barakuda-Tl** sowie staatlich anerkannter Tauchlehrer, Regine ist VDST-Tauchlehrerin
Anschrift, Tel., Fax:	Deep Blue, Escuela de Buceo, Hotel Castillo San Jorge, 35610 Caleta de Fuste, Fuerteventura, Islas Canarias, Tel. und Fax 00-34-28-163368, mobil 928-021175
Ausbildung:	als VDST-MTA-Basis alle VDST (CMAS)-Stufen sowie viele Spezialkurse
Nächste Druckkammer:	Druckkammer im Robinson Club
Kontaktpersonen in Deutschland:	Buchung und Info über Reisebüro Fertig, Mainstr. 59, 63897 Miltenberg, Tel. 09371/67974, Fax 09371/67954

Lage

Das neue Hotel Castillo San Jorge (Eröffnung im September 1997) liegt nur wenige Gehminuten von der alten Anlage El Castillo entfernt, ca. 4 km vom Flughafen entfernt. Hotelanlage und Basis haben direkten Kontakt zum Meer.

Basis

Es handelt sich um eine VDST-MTA-Basis (Mitglied-Tauchbasis Ausland des VDST). Sie besteht aus drei großen Räumen, Werkstatt und Kompressorraum mit zwei Bauer-Kompressoren, Naßraum, Büro- und Schulungsraum. Ausfahrten mit dem großen Schlauchboot, für Landtauchgänge steht ein Taucherbus zur Verfügung.
Ein Tauchshop im Ortsbereich ist der Basis angeschlossen, die Basis ist vom 15.1.–15.2. geschlossen.

Tauchbetrieb

Die Basis hat einen ausgesprochen familiären Charakter, und der Tauchbetrieb läuft gemütlich ab, d. h. keine großen Gruppen und kein Massenbetrieb. Peter und Regine sind VDST (CMAS)-Tauchlehrer. Im Rahmen der Tauchausbildung bieten sie HLW-Kurse, Tauchsicherheit und Rettung, Strömungstauchen, Kindertauchen (8–12 Jahre), Jugendtauchschein (12–14 Jahre) und Kurse für Meeresbiologie an. Für Tauchlehrer anderer Verbände finden auch Crossover-Prüfungen statt (Info bei der Basis).

Die Tauchausfahrten erfolgen zweimal täglich mit dem Schlauchboot, sie dauern 10–25 min und gehen zu verschiedenen Riffen in 10–40 m Tauchtiefe. Regelmäßiges Großfischvorkommen: Barrakudas, Zackenbarsche, Thunfische, Makrelenschwärme, Meerengel und Seehechte. Mit „Kleinfisch" bezeichnete Regine die Drücker-, Kugel-, Koffer- und Trompetenfische, verschiedene Muränenarten und Conger. Einmal wöchentlich erfolgen Tagestouren zum berühmten Muränenriff.

Unterkunft
Bei Unterkunftswünschen helfen Peter und Regine gern, diesbezüglich bitten sie um telefonischen Kontakt.

Preise
Ein Tauchgang mit Ausrüstung der Basis kostet ca. 4200 Pts, mit eigener Ausrüstung kostet er ca. 3400 Pts. Bei 10 gebuchten Tauchgängen sind der 11. und 12. Tauchgang frei. Anfängerkurse werden um die 35.000 Pts angeboten.

5 Dressel Divers Club International

Der Dressel Divers Club International ist ein Unternehmen mit Zentrale in Spanien, denen Tauchbasen in Mexiko, der Dominikanischen Republik und Mallorca gehören. In Fuerteventura sind sie zweimal vertreten, in Caleta de Fustes und im Iberostar Palace Hotel in Jandia. Das Unternehmen hat die ehemalige Basis von Peter und Regine Hein im Barcelo Club El Castillo übernommen. Die Basis des Ehepaares Hein befindet sich jetzt in dem neuen Hotel Castillo San Jorge ganz in der Nähe.

Name:	Dressel Divers Club International
Basisleiter:	Javier Ibran Pardo
Tauchlehrerqualifikation:	PADI-Instructor
Anschrift, Tel., Fax:	Hotel Barcelo Club El Castillo, Tauchschule, Caleta de Fuste, 35610 Antigua, Fuerteventura, Islas Canarias, Tel. 00-34-28-163554, Fax 00-34-28-163042
Ausbildung:	alle PADI-Stufen und zahlreiche PADI-Spezialkurse
Nächste Druckkammer:	Druckkammer in Gran Canaria (Anmerkung der Verfasser: Diese Basis ist nicht der Druckkammergemeinschaft der Insel angeschlossen, bei Bedarf können Sie sich auch in der Druckkammer im Robinson Club behandeln lassen, wenn ein Versicherungsverhältnis besteht)
Kontaktpersonen in Deutschland:	keine

Bis 30 cm groß werden manche Seehasenarten.

Wie ein Chamäleon wechselt der Oktopus seine Farben.

Lage
Die Basis liegt etwas außerhalb der Hotelanlage Barcelo El Castillo an der Meerseite unweit des Sporthafens. Das weiße Gebäude ist durch eine rote Taucherflagge leicht zu erkennen.

Basis und Tauchbetrieb
Die Basis ist neu eingerichtet. Ausbildung erfolgt nach PADI und SSI-Richtlinien im Pool des Hotels. Für erfahrene Taucher erfolgen zweimal täglich Bootsausfahrten zum Riff von El Castillo, und nach Bedarf werden Ausflüge zum „Riff von Jandia" (Muränenriff) organisiert. Das Boot ist ein speziell für das Tauchen ausgerüsteter Katamaran. Täglich finden kostenlose Schnuppertauchgänge im Pool des Hotels statt. Die Open-Water Kurse nach PADI und SSI beinhalten fünf Theorieeinheiten, fünf Übungen im Pool und vier Freiwassertauchgänge.
Unterkunft im Hotel Barcelo El Castillo.

Preise
Ein Tauchgang mit Ausrüstung der Basis kostet ca. 50 DM, mit eigener Ausrüstung kostet er ca. 45 DM. Bei 12 Tauchgängen plus 6 Freitauchgängen zahlt man ca. 540 DM. Die Kosten für die zahlreich angebotenen Spezialkurse erhält man auf Anfrage.

Costa Calma

Auf dem Weg vom Flughafen nach Jandia Playa gelangt man zur engsten Stelle der Insel, zur Costa Calma („ruhige Küste"). Zu beiden Seiten der Straße sind große Touristensiedlungen entstanden, die jedoch durch ihre flache Bauweise keineswegs störend wirken. Die großen Hotels liegen alle in unmittelbarer Strandnähe. Wenn es auch kein eigentliches Ortszentrum gibt, so findet der Urlauber in den sog. Centro Commerciales doch Läden, ausreichend Kneipen, Bars und Restaurants mit deutschen, spanischen und kanarischen Gerichten. An der Costa Calma sind eben Deutsche unter sich.
Die einzige Tauchbasis am Ort (Acuarios Jandia) liegt im Sotavento Beach Club.

6 Acuarios Jandia
Der Sotavento Beach Club beeindruckt durch arabisch-andalusische Architektur. Er wurde 1988 eröffnet und liegt direkt am Anfang des kilometerlangen Sandstrandes von Jandia (75 km zum Flughafen und 25 km zum Hafen von Morro del Jable). Die großzügig gestaltete Anlage verfügt über 294 Apartments, 2 Restaurants, 2 Bars, 1 Diskothek, 2 Pools (1 beheizt), Kinderbecken, Kinderspielplatz,

Tennisplätze, Kraftraum und Sauna. Lobenswert sind Kinderprogramme und Kinderbetreuung, so daß Papa und Mama ohne Streß tauchen können.
Die Basis wird von dem Deutschen Arnulf Brozy geführt, bei dem auch schon die Verfasser vor vielen Jahren das Tauchen erlernt haben. Arnulf ist VDST-Tauchlehrer***. Er taucht seit 1979 auf der Insel, zunächst als Urlaubsvertreter des Basisinhabers im Robinson Club, bevor er sich 1988 entschloß, im Sotavento Beach Club eine eigene Tauchbasis zu eröffnen.

Name:	Acuarios Jandia
Basisleiter:	Arnulf Brozy
Tauchlehrerqualifikation:	VDST-Tauchlehrer*** und staatlich geprüfter Tauchlehrer (I.T.L.A.), Assi Bernd ist VDST/CMAS-Tauchlehrer** und ebenfalls staatlich geprüfter Tauchlehrer (I.T.L.A.)
Anschrift, Tel., Fax:	Acuarios Jandia im Sotavento Beach Club, E-35627 Pájara, Costa Calma, Fuerteventura, Islas Canarias Tel. 00-34-28-547041/60, Fax 00-34-28-547009
Ausbildung:	alle VDST/CMAS-Stufen und Spezialkurse auf Anfrage
Nächste Druckkammer:	Druckkammer im Robinson Club in unmittelbarer Nähe, der Basisinhaber ist Mitglied der Eigentümergemeinschaft (insgesamt 6 Eigentümer), Taucherärzte in der Nähe
Kontaktpersonen in Deutschland:	Dr. H. J. Roggenbach, Tel. 0201/512057-58, Fax 0201/504145, Buchungen für das Zielgebiet Costa Calma über alle bekannten Reiseveranstalter (NUR, Tjaereborg, TUI u.a.)

Lage
Im Bereich der Clubanlage orientiert man sich an der Poolanlage vorbei in Richtung Strand. Die Tauchbasis liegt dann am Ende des Weges auf der rechten Seite.

Basis
Die Basis ist ausgesprochen individuell mit großem Engagement des Basisinhabers und Assistenten Bernd geführt. Sie ist nicht sehr groß, aber sauber und mit modernen Geräten ausgestattet (15 komplette Geräte, Tauchcomputer, 1 Bauer Kompressor und 1 Taucherbus, Sauerstoffsysteme für die Notfallversorgung). Die Basis ist seit vielen Jahren eine VDST-MTA-Basis (Mitglied-Tauchbasis Ausland des VDST).
Öffnungszeit: Die Basis ist ganzjährig geöffnet, täglich von 10.30–18.00 Uhr, samstags ist Ruhetag.

Tauchbetrieb und Tauchplätze
Die qualifizierte Ausbildung erfolgt nach VDST/CMAS-Richtlinien, kein Massenbetrieb. Ideal sind kleine Gruppen, wobei auch verschiedene Leistungsstufen gleichzeitig unterrichtet werden können. Besonders rühmlich fanden wir: Arnulf und Assistent Bernd gehen auch mit Einzeltauchern tauchen, wenn keine Partner zur Verfügung stehen.
Grundsätzlich wird von Land aus getaucht. Nach gemeinsamem Beladen des Taucherbusses geht es ab zu den Tauchplätzen, die bis zu 25 km entfernt liegen. Der nächste Tauchplatz (6 km) ist Punta del Chupadero, den Arnulf den „Flachbereich" nennt, das große und kleine Muränenriff liegen 25 km in Richtung Morro Jable. Punta de los Mosquitos, El Castillo und die Riffe um Corralèjo werden bei Bedarf im Rahmen einer Tagesfahrt angefahren, da sie weiter entfernt sind. Nachttauchgänge werden regelmäßig angeboten.
Nachweis der Tauchausbildung und ein tauchsportärztliches Attest sind mitzubringen, das Attest darf bei Tauchern über 40 Jahren nicht älter als 1 Jahr sein, bei jüngeren Tauchern nicht älter als 2 Jahre. Die Untersuchung kann allerdings auch an der Costa Calma nachgeholt werden.
Arnulf hat uns seine Lieblingstauchplätze wie folgt beschrieben:

Punta del Chupadero. Die Unterwasserstruktur besteht bis in 12 m Tiefe aus einem felsigen Grund, übergehend in eine sandige, teilweise mit Seegras bedeckte Fläche. Das fast endlos parallel zur Steilküste verlaufende Tauchgebiet ist gut geeignet für Anfänger-, Check- und Nachttauchgänge.
Das Abtauchen erfolgt sofort oder nach einer 50 m langen Schnorchelstrecke vom sandigen Strand aus innerhalb einer geschützten Bucht. Schon in 4 m Wassertiefe erreicht man den felsig-sandigen Grund. Nach Verlassen der Bucht stößt man auf viele große, freistehende bzw. zusammenhängende Felsformationen, die diesem Tauchgebiet einen interessanten, abenteuerlichen Charakter verleihen.
In kleinen und großen Felsspalten finden nicht nur die Kleinfische, sondern auch andere Lebewesen ihren Schutz. Neben bunten Seeanemonen, Seesternen und Schwämmen findet man Nacktschnecken, Sepias, Tintenfische, Putzergarnelen, Seespinnen und andere. Kofferfische, Igelfische und der seltene Schlangenaal, ein Einwanderer aus der Karibik, haben sich ebenfalls hier angesiedelt. In einer ohne Gefahren betauchbaren Höhle sind nicht nur Meebarbenkönige, sondern auch häufig Rochen, scheue Zackenbarsche und Muränen anzutreffen. Harmlose Meerengel, Barrakudas in kleinen Gruppen sowie Drückerfische sieht man an diesem Tauchplatz nicht so häufig wie am Muränenriff, dennoch kommen sie vor.

Muränenriff. Die Unterwasserstruktur zeigt ein Plateau in 15 m Tiefe mit überwiegend sandigem Grund und flachen felsigen Formationen, das über eine Steilwand bis in 40 m Wassertiefe abfällt. Die Gesamtlänge des Riffs beträgt ca. 250 m. Das Abtauchen erfolgt sofort vom Strand aus oder nach einer 100 m langen

Schnorchelstrecke. Entlang einer Führungsleine erreicht man dann das berühmte Muränenriff in 15 m Tiefe. Im Schutz der Felsformationen findet man allerlei Kleinlebewesen. Zu den ständigen Riffbewohnern gehören zahlreiche freischwimmende große und kleine Muränen, die dem Riff seinen Namen gegeben haben, Papagei-, Trompeten- und Mönchsfische, Brassen, Gelbstriemen und die scheuen Sandaale. Große Sardinenschwärme locken Thunfische und Makrelen an. Majestätisch ziehen Hunderte von Barrakudas über das Riff, und die handzahmen Zackenbarsche erwarten den Taucher schon beim Abstieg. Häufig trifft man auf große und kleine Rochen, Tintenfische sowie auf die harmlosen Meerengel und auf Conger. Seltene Begegnungen mit Mondfischen, Mantas, Delphinen und Walen kommen vor. Bunte Schwämme, Seeanemonen und Zylinderrosen runden das Bild ab.

Skizze des Tauchplatzes Muränenriff

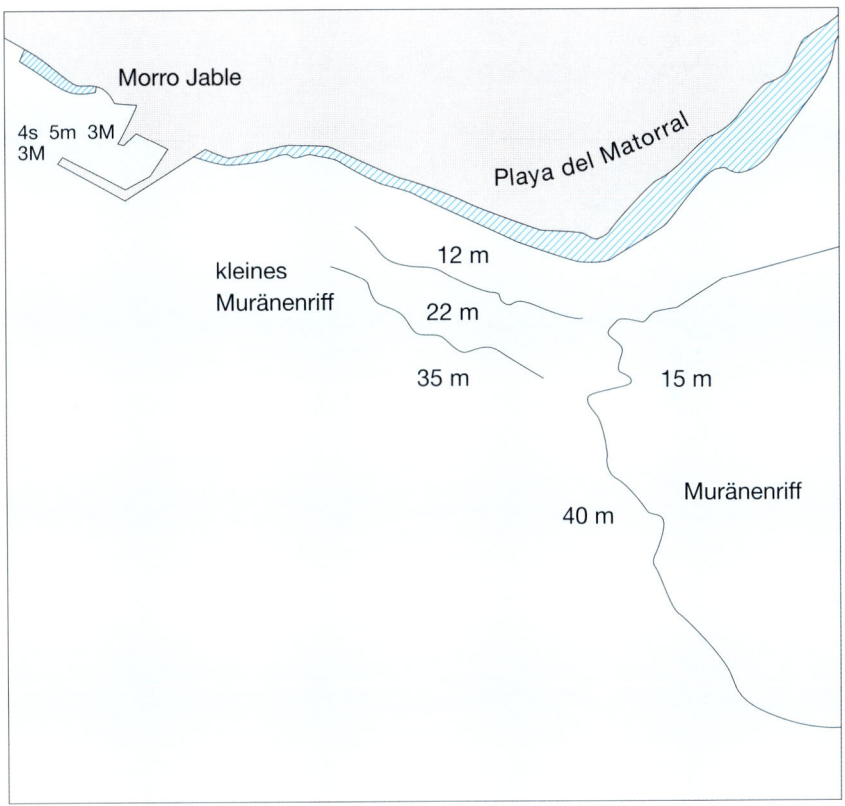

Kleines Muränenriff. Die Unterwasserstruktur zeigt in 12 m Tiefe einen schräg abfallenden Sandboden, der übergeht in felsigen, terrassenförmigen Untergrund bis zu einer Tiefe von 22 m, um dann über eine Steilwand bis 35 m Wassertiefe abzufallen. Die Gesamtlänge dieses Riffs beträgt ca. 200 m.

Das Abtauchen erfolgt auch hier sofort vom Strand aus oder nach einer Schnorchelstrecke von ca. 100 m. Auf dem sandigen Boden entdeckt man die flinken Schermesserfische, Schollen, Sandaale und auf Beute lauernde Himmelsgucker und Eidechsenfische. Unter kleinen Felsvorsprüngen, Spalten und Höhlen halten sich die kleineren Schönheiten auf: Zylinderrosen, Seeanemonen und Schwämme. Freischwimmende Muränen gehören zum Alltagsbild. An der Riffkante trifft man regelmäßig auf eine Anzahl von mittelgroßen Zackenbarschen, und kleine Sardinenschwärme werden gierig von einzelnen Barrakudas in Schach gehalten, bevor diese räuberisch angreifen. In den unterschiedlichen Tiefen trifft man immer wieder auf in den Sand eingegrabene Meerengel und Rochen, die majestätisch davongleiten, wenn sie sich durch Taucher gestört fühlen.

Wenn auch das kleine Muränenriff vom Fischbestand her nicht so ergiebig ist wie das in unmittelbarer Nähe gelegene große Muränenriff, so ist es doch mehrere Tauchgänge wert.

Unterkunft
Hotelbuchungen für das Zielgebiet Costa Calma sind über alle bekannten Reiseveranstalter möglich. Sinnvoll ist die Buchung einer Pauschalreise mit Unterbringung im Sotavento Beach Club. Arnulf bietet einen Pick up-Service, wenn Taucher in anderen Hotels oder Apartments untergebracht sind.

Preise
Ein Tauchgang mit Ausrüstung der Basis kostet ca. 55 DM, mit eigener Ausrüstung kostet er ca. 45 DM. Ab 6 Tauchgängen reduziert sich der Preis um ca. 5 DM pro Tauchgang. Taucher, die Mitglieder im VDST sind, erhalten nach 10 gebuchten Tauchgängen den 11. und 12. Tauchgang gratis. Nacht- und Prüfungstauchgänge kosten einen Zuschlag. Anfängerkurse werden um die 400 DM angeboten.

Jandia Playa

Die Halbinsel Jandia bildet den Süden von Fuerteventura, das an der schmalsten Stelle, dem Istmo de la Pared, nur 5 km breit ist. Das Jandiamassiv ist der mächtigste Gebirgszug der Insel, der höchste Gipfel ist der 807 m hohe Pico de la Zarza. Von der Costa Calma her kommend, passiert man zunächst die kleine und ruhige Feriensiedlung Esquinzo, in der auch eine Anlage des Robinson Clubs liegt, allerdings ohne eigene Tauchbasis. Weiter gen Süden liegen der Club Aldiana, eine neue Tauchbasis im Hotel Iberostar Palace direkt neben dem Club Aldiana, die Tauchschule Felix, der Club Aquamarin und schließlich der Robinson Club Jandia. Weiter südlich erreicht man über eine kleine Anhöhe den Fischerort Morro del Jable mit einer typisch kanarischen Ansiedlung und einer inzwischen schön angelegten Strandpromenade. Der Ort Jandia Playa war für uns eher abstoßend, wenn auch die groß angelegte Hauptstraße jetzt aufwendig begrünt ist und ein großes Centro Commerciale alle Einkaufsmöglichkeiten, Bars und Restaurants bietet. Es ist nahezu alles in deutscher Hand, und es fehlen die typisch kanarischen Plazas unter Bäumen und Orte für kulturelle Veranstaltungen. Dem Touristen bleibt aber immer noch ein kleiner Fußweg nach Morro del Jable, wo er in kanarischen Lokalen typisch kanarische Gerichte genießen kann.

7 Club Aldiana

Die von Tony Mayer seit vielen Jahren geleitete Tauchbasis ist als Centro Buceo in den Club Aldiana integriert. Der Ferienclub liegt 3 km vor Jandia Playa auf einer Anhöhe mit direktem Zugang zum Strand. Er bietet einen großen Hoteltrakt und Bungalows in einer parkähnlichen Anlage sowie ein riesiges Sportangebot. Separate Kinderbetreuung ist gegeben.

Name:	Club Aldiana, Centro Buceo
Basisleiter:	Klaus Amann, Inhaber Tony Mayer
Tauchlehrerqualifikation:	VDTL (CEDIP)-Tauchlehrer****, FEDAS (CMAS)- und Barakuda (CMAS)-Tauchlehrer
Anschrift, Tel., Fax:	Club Aldiana, Centro Buceo, Valle de Butihondo, E-35625 Morro del Jable, Fuerteventura, Islas Canarias Tel. 00-34-28-541147, Fax 00-34-28-541093
Ausbildung:	nach VDTL(CEDIP)-, FEDAS- und Barakuda/CMAS-Richtlinien, Spezialkurse auf Anfrage, CEDIP-Tauchlehrerausbildung
Nächste Druckkammer:	Druckkammer im Robinson Club in unmittelbarer Nähe, die Basis ist Mitglied der Communidad (Eigentümergemeinschaft der Druckkammer), Taucherärzte in der Nähe
Kontaktpersonen in Deutschland:	Buchungen Club Aldiana über alle bekannten Reiseveranstalter, besonders NUR

Lage
Der Club Aldiana hat direkten Zugang zum Meer. Orientiert man sich zum Strand, so liegt das weiße Basis-Haus direkt zwischen Meer und den Bungalows auf dem Strandgebiet.

Basis
Die Basis verfügt über 40 komplette Ausrüstungen, 3 Kompressoren, 2 Schlauchboote, UW-Video, UW-Kamera mit Blitz, Halogenscheinwerfer und Tauchcomputer. Duschmöglichkeit ist in der Basis vorhanden.

Tauchbetrieb und Tauchplätze
In der Regel wird mit dem Schlauchboot täglich das 10 Bootsminuten entfernte Muränenriff angefahren. Anfängerausbildung findet im Pool der Clubanlage statt. Die Ausbildung erfolgt nach den Richtlinien des Verbandes Deutscher Tauchlehrer (VDTL), der dem professionellen Dachverband CEDIP angeschlossen ist. Entsprechend können alle Ausbildungsstufen dieses Verbandes und sogar die Tauchlehrerausbildung absolviert werden. Über die Zugehörigkeit zur FEDAS und zu Barakuda sind Tony und Klaus auch der CMAS angeschlossen.
Die Basis eignet sich gut für Familien, da der Club eine Kinderbetreuung ab 4 Jahren anbietet. Sie ist ganzjährig geöffnet. Die Öffnungszeiten sind täglich von 9.30–10.00 Uhr und von 16.30-17.30 Uhr, samstags ist Ruhetag.
Tauchplätze: siehe Beschreibung bei Tauchbasis Acuarios (Costa Calma).

Unterkunft
Sinnvoll ist natürlich die Unterkunft im Club Aldiana durch eine Buchung über NUR-Touristik. Wer Preise und Clubleben scheut, kann auch dann an dieser Basis tauchen, wenn er außerhalb der Clubanlage untergebracht ist. In diesem Falle bietet die Basis einen Pick up-Service, d. h. die Taucher werden von den umliegenden Hotels abgeholt.

Preise
Ein Tauchgang mit Ausrüstung der Basis kostet ca. 49 DM, mit eigener Ausrüstung kostet er ca. 42 DM. Weitere Preise auf Anfrage.

8 Dressel Divers Club International im Hotel Iberostar Palace
Diese Basis gehört zu einem Tauchsportunternehmen mit Sitz in Spanien, das auch Basen auf Mallorca, in der Dominikanischen Republik und in Mexiko betreibt. Eine zweite Basis des Unternehmens befindet sich in Fuerteventura im Barcelo Club El Castillo.

Name:	Dressel Divers Club International
Basisleiter:	Jesus Garcia
Tauchlehrerqualifikation:	SSI und PADI Instructor
Anschrift, Tel., Fax:	Dressel Divers Club International, Hotel Iberostar Palace, Urb. Gaviotas s/n, E-35626 Jandia Playa, Fuerteventura, Islas Canarias Tel. 00-34-28-540501, Fax 00-34-28-540405
Ausbildung:	nach SSI und PADI-Richtlinien

Einsiedlerkrebs mit seinen Anemonen.

*Lanzettgespensterkrabbe (Stenorhynchus lanceolatus) vor einem Krusten-
schwamm.*

Nächste Druckkammer: Druckkammer im Robinson Club in unmittelbarer Nähe

Kontaktpersonen in Deutschland: bitte Anfragen direkt an die Basis

Lage
Das Hotel Iberostar Palace befindet sich neben dem Club Aldiana. Die Basisverwaltung liegt im 1. Stock des Hotels, Zugang ist auch vom Strand aus möglich. Die Wassersportstation und Tauchbasis liegen direkt am Strand.

Basis und Tauchbetrieb
Ungewöhnlich gegenüber den anderen Tauchbasen ist, daß dieser Basis offenbar das gesamte Wassersportangebot des Hotels unterstellt ist. Hierzu gehört neben Tauchen noch Windsurfen, Segeln, Trimaran, Kajak, „Banana" und Wasserski. Anfängerausbildung streng nach SSI- und PADI-Richtlinien im Pool des Hotels. Es werden zahlreiche Spezialkurse und Schnorchelexkursionen angeboten. Das große Katamaran-Tauchboot mit Mittelleiter bringt die Taucher zweimal täglich zum Muränenriff und anderen Tauchplätzen, einmal wöchentlich gibt es Tagesausflüge zum Partnerclub nach El Castillo.

Preise
Ein Tauchgang mit Ausrüstung der Basis kostet ca. 50 DM, mit eigener Ausrüstung kostet er ca. 45 DM. Kosten für die zahlreich angebotenen Spezialkurse auf Anfrage.

9 Tauchbasis Club Aquamarin
Die ehemals von Marlies Penzhold und Uli Liss geführte Tauchbasis ist 1997 von Adriano Bähtz und Jürgen Krause übernommen worden. Sie liegt direkt am Ortseingang von Jandia Playa, 98 km vom Flughafen entfernt. Der berühmte Sandstrand von Jandia Playa ist 5 Gehminuten entfernt.

Name:	Tauchbasis Club Aquamarin
Basisleiter:	Adriano Bähtz und Jürgen Krause
Tauchlehrerqualifikation:	PADI Instructoren
Anschrift, Tel., Fax:	Tauchbasis Club Aquamarin, Urb. Stella Canaris 23-28, E-35625 Morro del Jable/Jandia, Fuerteventura, Islas Canarias, Tel. 00-34-28-540324 oder 540128, Fax 00-34-28-540359
Ausbildung:	nach PADI-Richtlinien, später auch VDST/CMAS
Nächste Druckkammer:	Druckkammer im Robinson Club in unmittelbarer Nähe
Kontaktpersonen in Deutschland:	bitte Anfragen direkt an die Basisinhaber

Lage
Die Basis liegt im Untergeschoß der Apartmentanlage Club Aquamarin.

Basis und Tauchbetrieb
Die Basis wird von den zwei deutschen PADI Instructoren geleitet, die demnächst auch nach einem entsprechenden Crossover zusätzlich nach CMAS-Richtlinien ausbilden können.
Die technische Ausrüstung besteht aus neuen kompletten Ausrüstungen, UW-Kameras und UW-Video-Kameras mit Gehäusen, Kompressor und Schlauchboot. Die Leihautomaten haben alle eine Konsole mit Finimeter und Computer. Bei den Tauchgängen befinden sich Erste-Hilfe-Material und ein Sauerstoffsystem am Tauchplatz bzw. auf dem Boot. Die örtliche Druckkammer im Robinson Club ist in fünf Minuten zu erreichen, spezielle Taucherärzte haben 24 Stunden Bereitschaft.
Anfängerkurse werden zweimal wöchentlich im Pool der Anlage begonnen, die weitere Ausbildung erfolgt einschließlich aller Spezialkurse bis zum PADI Assistant Instructor.
Täglich werden mindestens zwei Tauchgänge durchgeführt, meist am Muränenriff. Mit dem Boot fährt man vom Hafen Morro del Jable aus bei Bedarf, teilweise als Tagestour, zu nördlich gelegenen Tauchplätzen.
Die Basis ist besonders geeignet für Vereine und kleine Gruppen, für die dann auch spezielle Preise gemacht werden.

Unterkunft
Es bietet sich geradezu an, sich in der Apartmentanlage Club Aquamarin einzuquartieren. Diese besteht aus 17 Apartments, in denen man sich selbst versorgen kann. Angeschlossen sind ein Pool, Poolbar und ein Restaurant. Natürlich sind auch Taucher aus umliegenden Hotels willkommen, in diesem Falle bietet die Basis einen Pick up-Service, d. h. sie werden von ihren Unterkünften zum Tauchen abgeholt.

Preise
Ein Tauchgang mit Ausrüstung der Basis kostet ca. 50 DM, mit eigener Ausrüstung kostet er ca. 45 DM. Bei 10 Tauchgängen reduziert sich der Preis um ca. 7–10 DM pro Tauchgang. Nachttauchgänge kosten einen Zuschlag. Alle Ausrüstungsgegenstände werden auch einzeln gegen Gebühr ausgeliehen.

10 Tauchschule Felix, Barakuda Club
Felix Castro unterhält eine der ältesten Tauchbasen der Insel. Nur die große Hauptstraße trennt die Basis von dem nahezu gegenüberliegenden Muränenriff.

Name: Tauchschule Felix, Barakuda Club
Basisleiter: Felix Castro

Tauchlehrerqualifikation:	VDTL (CEDIP)-Tauchlehrer****, FEDAS- und Barakuda (CMAS)-Tauchlehrer
Anschrift, Tel., Fax:	Tauchschule Felix, Avda. de Jandia s/n, E-35626 Jandia Playa, Fuerteventura, Islas Canarias, Tel. 00-34-28-541418, Fax 00-34-28-541417
Ausbildung:	VDTL (CEDIP), FEDAS und Barakuda (CMAS), alle Stufen bis zum Tauchlehrer-Assistenten
Nächste Druckkammer:	Druckkammer im Robinson Club in unmittelbarer Nähe
Kontaktpersonen in Deutschland:	Helmut Luft, Dreieich, Tel./Fax 06103/68992 und verschiedene Reiseveranstalter (Information bei der Basis, Felix spricht hervorragendes Deutsch!)

Lage
Vom Norden kommend liegt die Tauchbasis hinter dem ersten Shopping Center von Jandia Playa auf der rechten Straßenseite der Hauptstraße in einem separaten, älteren Gebäude, das an die Residencia Atlantica angegliedert ist.

Die berühmten Sandstrände von Fuerteventura.

Basis und Tauchbetrieb
Felix verfügt über 20 komplette Ausrüstungen, UW-Kameras und UW-Video-geräte, zwei Kompressoren, Kleinbus, Jeep und zwei Schlauchboote für jeweils acht Personen.
Die Ausbildung erfolgt nach VDTL, FEDAS und Barakuda entsprechend den Richtlinien nach CEDIP und CMAS, und zwar in allen Leistungsstufen bis zum Tauchlehrer-Assistenten.
Kindertauchen gibt es für Kinder von 12–14 Jahren.
Zweimal täglich werden Tauchgänge vom 200 m entfernt liegenden Strand durch-geführt, meistens am Hausriff (Muränenriff). Zur Abwechslung gibt es aber auch Bootstauchgänge, auch Tagesfahrten an entferntere Stellen, und abends immer wieder mal „Paella à la Felix".
Die Basis ist ganzjährig geöffnet.
Die Tauchplätze sind dieselben wie unter Costa Calma (Acuarios) ausführlich beschrieben.

Unterkunft
Felix bietet die Vermittlung von Unterkünften direkt über dem Tauchcenter an. Für weitere Möglichkeiten über Reiseveranstalter steht er telefonisch zur Verfügung.

Preise
Ein Tauchgang mit Ausrüstung der Basis kostet ca. 60 DM, mit eigener Ausrü-stung kostet er ca. 50 DM. Bei 10 Tauchgängen reduziert sich der Preis um ca.10 DM pro Tauchgang. Nachttauchgänge kosten einen Zuschlag. Ausrüstungs-gegenstände werden auch separat verliehen. Für Gruppen gibt es Sonderpreise. Anfängerkurse werden um die 550–600 DM angeboten. Bedingung ist ein tauch-sportärztliches Attest, wie auf allen kanarischen Tauchbasen.

11 Robinson Club Jandia Playa
Die Tauchbasis im Robinson Club Jandia Playa ist die südlichste auf Fuerteven-tura. Die Leitung haben die Inhaber Armin und Natascha Korger an das deutsche Ehepaar Andreas und Elke Müller übergeben. Leider können vertragsgemäß vor-erst nur Gäste des Robinson Clubs auf dieser Basis tauchen.

Name:	Robinson Club Jandia Playa, Centro de Buceo
Basisleiter:	Andreas und Elke Müller, Inhaber sind Armin und Natascha Korger
Tauchlehrerqualifikation:	VDTL (CEDIP)-Tauchlehrer***, VDST (CMAS)-Tauchlehrer** und SSI Instructor
Anschrift, Tel., Fax:	Robinson Club Jandia, Centro de Buceo, E-35626 Jandia Playa, Fuerteventura, Islas Canarias, Tel. und Fax 00-34-28-541065
Ausbildung:	VDTL (CEDIP), VDST (CMAS), und SSI,

	alle Stufen bis zum Tauchlehrer-Assistent
Nächste Druckkammer:	Druckkammer im Robinson Club, direkt im Gebäude der Tauchbasis
Kontaktpersonen in Deutschland:	Robinson Club, Hannover und viele Reiseveranstalter, besonders TUI

Lage
Der Robinson Club liegt als eine der letzten Hotelanlagen auf der linken Straßenseite der Hauptstraße nach Morro del Jable, bevor die Straße zur Anhöhe nach Morro del Jable hinaufführt. Die Basis liegt innerhalb des Clubgeländes nahe der Poolanlage und nahe dem Strand.

Basis und Tauchbetrieb
Der Robinson Club ist in jeder Hinsicht ein Club der Superlative, entsprechend ist auch die Tauchbasis. Sie ist großzügig in einem separaten Gebäude untergebracht und mit den modernsten Geräten ausgestattet. Zum Inventar gehören 40 Komplettausrüstungen, Tauchcomputer, Lungenautomaten mit Konsolen, 2 Bauer-Kompressoren und 2 Schlauchboote. Die angegliederte Druckkammer gehört der „Communidad", einer Eigentümergemeinschaft, der nur die älteren auf der Insel etablierten Tauchbasen angeschlossen sind. In Notfällen kann sich allerdings jeder verunfallte Taucher in dieser Kammer behandeln lassen (Versicherungsfrage klären!). Es besteht eine 24-Stunden-Bereitschaft für den „Camarista" (technischer Leiter) und die Taucherärzte.
Die Ausbildung erfolgt entsprechend dem hauptsächlich deutschen Publikum nach VDST (CMAS)-Richtlinien, wunschgemäß wird aber auch nach VDTL- und SSI-Richtlinien ausgebildet, und zwar in allen Leistungsstufen einschließlich zahlreicher Spezialkurse.
Zweimal täglich finden Ausfahrten ausnahmslos zum Muränenriff statt, die Anfängerausbildung erfolgt im Pool der Anlage.

Unterkunft
Hierfür bietet sich nur der Robinson Club an, da auswärts wohnende Taucher ohnehin nicht auf der Basis tauchen können.

Preise
Ein Anfänger-Tauchkurs ist für ca. 450 DM zu bekommen, weiterführende Kurse und Spezialbrevets werden angeboten. Kinder ab 8 Jahren können den Kindertauchschein absolvieren. Alle Ausrüstungsgegenstände werden auch einzeln ausgeliehen.

Lanzarote

Geographisch ist Lanzarote die nordöstlichste der Kanarischen Inseln. Mit 753 km^2 ist sie die viertgrößte nach Teneriffa, Fuerteventura und Gran Canaria. Die Länge beträgt 60 km, die maximale Breite 21 km. Politisch gehört die Insel zur Provinz Las Palmas wie auch Gran Canaria und Fuerteventura. Die Inselregierung, Cabildo Insular, hat ihren Sitz in der Hauptstadt Arrecife.

Das landschaftliche Bild ist zum Teil durch riesige Lavamassen geprägt, die im 18. Jahrhundert einen Großteil der Insel unter sich begraben haben. Noch heute zeugen die Feuerberge im westlichen Teil der Insel von der vulkanischen Herkunft. In unserer Zeit hat der Tourismus die Insel geprägt, besonders den südlichen und östlichen Teil. In diesem Zusammenhang muß Cesar Manrique genannt werden, der mit der jüngeren Geschichte von Lanzarote eng verbunden ist. Die Inselzeitschrift „Lancelot" preist ihn als einen Verehrer der totalen Kunst, denn er entwarf, malte, fertigte Skulpturen und wirkte bei Stadtplanungen mit. Bei all seinen Arbeiten zeigt sich die Bemühung, den Menschen in die Natur einzubeziehen. So war er wesentlich an der Gestaltung einiger Touristenzentren beteiligt, wobei er ständig bemüht war, die Architektur der natürlichen Landschaft anzupassen.

Das typische kanarische Bauernhaus, Casa del Campiso, hat geeignete Dächer, um Regenwasser aufzufangen, typische Kamine und kanarische Balkone. Die Mauern sind schneeweiß gestrichen, um das Sonnenlicht zu reflektieren, die Holzteile meist grün. Dieses bietet in Kontrast zu der schwarzen Vulkanerde und dem fast ständig blauen Himmel ein reizvolles Bild, so daß man Lanzarote wahrlich als die Perle der Kanarischen Inseln bezeichnen kann.

Ackerbau und Fischfang sind neben dem Tourismus die wichtigsten Wirtschaftszweige. Nachdem vor 250 Jahren fruchtbare Teile der Landschaft durch Vulkanausbrüche zerstört worden waren, bedeckten die Bauern ihre Felder mit den Flüssigkeit speichernden kleinen Lavakörnern, so daß die Austrocknung der Erde verhindert werden konnte. Wenn auch die Niederschläge sehr gering sind, so liegt die Luftfeuchtigkeit häufig über 80 %. Wichtigste Produkte sind Zwiebeln, Süßkartoffeln, Erbsen, Kichererbsen, Wassermelonen, Melonen, Tomaten, Linsen, Kartoffeln, Kräuter und Wein, der mit einer besonderen Technik in halbkreisförmigen Mauern aus Lavastein (Windschutz) angebaut wird.

Das Klima auf Lanzarote ist wegen der Nähe zur afrikanischen Sahara (ca. 120 km) anders als auf den übrigen Kanarischen Inseln. Es herrscht ein subtropisches, mildes Klima mit einer trockenen Wärme, die als angenehm empfunden wird. Die durchschnittlichen Monatstemperaturen reichen von 18°C im Winter bis zu 23°C im Sommer. Die Wassertemperaturen liegen nur unwesentlich darunter. Tagsüber liegen die wärmsten Temperaturen von Mai bis Oktober bei 25–30°C, die Wassertemperatur bei 20–22°C. Bei der Reiseplanung ist zu berücksichtigen, daß es in den Monaten Mai und November häufig zu Wetterumschwüngen mit größeren Temperaturschwankungen zwischen Tag und Nacht kommt, so daß diese Monate für eine Tauchreise nicht unbedingt zu empfehlen sind. Inzwischen kann man auf Lanzarote zahlreiche sportliche Aktivitäten ausüben. Das Drachenfliegen ist nur mit Einschränkung möglich in Abhängigkeit von Jahreszeit und Wetterlage. Tennisplätze finden sich in vielen Hotels und Apartmentanlagen. Die Tennisplätze werden häufig auch an Gäste vermietet, die nicht in der entsprechenden Hotelanlage wohnen, z. B. im Hotel Castellana Sport und im Hotel Antonio sowie im Club Insular in Puerto del Carmen. Weitere spezielle Sportclubs sind an der Costa Teguise und insbesondere in der Sporthotelanlage Santa Sport im Norden der Insel, wo „Sport total" einschließlich Tauchen, ein Fußballplatz und ein 25 m Schwimmbecken mit Bahneinteilung geboten werden, so daß auch der trainingsgewohnte Taucher auf seine Kosten kommt. Surfschulen gibt es an der Playa Matagorda und an der Costa Teguise, einem der vielen Surfparadiese der Kanaren. Auch an der Playa Blanca ist Windsurfen möglich, an der Costa Teguise haben wir neben der englischen Tauchschule Calipso Diving einen Mountainbike-Verleih unter deutscher Leitung gesehen.

Anreise

Die schnellste, preisgünstigste und bequemste Art, auf Lanzarote einen Tauchurlaub zu verbringen, ist die in Deutschland organisierte Flugreise nach Arrecife (der Flughafen liegt nur einige Kilometer südwestlich der Stadt). Die Flugpreise je nach Saison zwischen 650 und 850 DM, Last-Minute-Flüge kosten sogar nur um die 300–450 DM. Die Flugzeit beträgt je nach Windverhältnissen 4–5 Std. Für Langzeiturlauber, die ihren eigenen PKW mitnehmen möchten, gibt es die Alternative, von Südspanien (Cadiz) aus mit der Fähre über Zwischenstops in Teneriffa und Gran Canaria nach Lanzarote zu gelangen. Die Fährverbindung Cadiz-Lanzarote dauert 2½ Tage, Tickets müssen unbedingt in einem deutschen Reisebüro vorbestellt werden. Die Verbindung von und zu den anderen Kanarischen Inseln sind über Inlandflüge, Fähren oder die schnellen Tragflügelboote (Kosten identisch mit den Flugpreisen) möglich.

Tauchen auf Lanzarote

Wie überall in Spanien unterlag das Tauchen auch auf Lanzarote früher einer Genehmigung der Marine und der FEDAS (Federacion Espanola de Actividades Subacuaticas = spanischer Tauchsportverband). Vorzulegen waren zwei Paßbilder, die Fotokopie des Reisepasses/Personalausweises und der Nachweis über eine gültige tauchsportärztliche Untersuchung (nicht älter als 1 Jahr!), wobei deut-

Montaña Clara

Graziosa

Orzola

Mirador del Rio Ye

Cueva de
los Verdes

ATLANTISCHER OZEAN

Maguez

Jameos
del Agua

Arrieta

❽

La Isleta

Ermita de
las Nieves

*Playa de la
Ganta*

La Santa

La Caleta

Sóo

Mala

Munique

Guatizia

Tinajo

Teguise

Castillo
de Guanapay

Mancha
Blanca

Tiagua

Tao

Nazaret

❼

Mozaga

Tahiche

❻

San
Bartolomé

Costa
Teguise

El Golfo

La Asomada

Yaíza

Tias

ARRECIFE

Los
Hervideros

Uga

Playa Honda

Salinas
de Janubio

Playa Blanca

*Playa de
Janubio*

Las Breñas

Puerto
del Carmen

❶ ❷ ❸ ❹ ❺

Playa Blanca

*Punta
Pechiguera*

❾

N

km 0 — 5

LANZAROTE

sche Gesundheitszeugnisse anerkannt wurden. Für die Genehmigung wurde eine Gebühr von 500 Pts erhoben. Die Lizenzen konnte jeder spanische Club an der Küste bzw. jede Tauchbasis ausstellen. Heute ist das nun anders. Tatsächlich ist auf den Kanaren so etwas wie eine Gesetzeslücke entstanden, seitdem die Tauchbasen nicht mehr von der Marine kontrolliert werden. Noch vor ein paar Jahren war es nicht möglich, eine Tauchbasis zu eröffnen, wenn der Basisinhaber nicht FEDAS/CMAS-Tauchlehrer*** war und ein Kapitänspatent besaß. Verständlich daher, daß auch auf Lanzarote einige kleinere Tauchbasen entstanden sind, die nicht immer unseren Ausbildungs- und Sicherheitsvorstellungen entsprechen. Wir haben neun Tauchbasen besucht, die seit Jahren auf Lanzarote aktiv sind und über entsprechende Erfahrungen auch in der Tauchausbildung verfügen. Das soll natürlich nicht bedeuten, daß eine neue, hier noch nicht erfaßte Basis den geforderten Qualitätsstandards nicht entspricht.

Für den Gebrauch von Tauchbooten bestehen in Spanien immer noch strenge Bedingungen. Das Tauchen von Booten ist in Spanien nur erlaubt, wenn die Boote registriert und von der Marine zugelassen sind. Eine gewisse Ausnahme gibt es allerdings für Schlauchboote.

Einige Tauchbasen erheben auch weiterhin Gebühren für eine „Tauchgenehmigung", was immer diese auch beinhaltet. Wie wir von einigen Basisinhabern erfahren haben, ist das die Gebühr für die Eigentümergemeinschaften der Druckkammer, denn hierfür darf offiziell keine Gebühr erhoben werden.

Das Tauchen im Meer ist wegen zu starker Dünung und damit verbundener schlechter Sicht im Norden der Insel nicht empfehlenswert. Eine dort liegende Tauchbasis (Club La Santa) macht lediglich die Schwimmbadausbildung in der Hotelanlage, zum Tauchen im Meer werden andere Plätze im Süden und im Osten angefahren. Insgesamt sind neun Tauchbasen auf der Insel vertreten: der Club La Santa Sport im Norden, im Süden die Las Toninas School of Diving an der Playa Blanca und im Südosten fünf Tauchbasen bei Puerto del Carmen sowie zwei weitere Basen an der Costa Teguise nördlich von Arrecife. Zweifellos liegen die besten Tauchgebiete um Puerto del Carmen.

Die Unterwasserlandschaft besteht aus erkalteten Lavaströmen mit bizarren Strukturen, Torbögen, Spalten, Überhängen, Höhlen und wiederum sandigem Sandboden, auf dem Eidechsenfische, Petermännchen, Himmelsgucker, verschieden große Rochenarten und der Meerengel anzutreffen sind. Die Riffe und Grotten sind mit Algen, Schwämmen, Weichkorallen und Krustenanemonen bewachsen, man findet Felsenaustern und Steckmuscheln. In Riffnähe findet man im Freiwasser oft Adlerrochen, Mantas, große Barrakudaschwärme, verschiedene Barscharten, Makrelenschwärme, Thunfische, Papageifische und viele andere.

Puerto del Carmen

Vor der Touristik-Ära war Puerto del Carmen ein kleines Fischerdorf, das sich inzwischen zum größten Touristenzentrum der Insel entwickelt hat. Es besteht einerseits aus der Altstadt mit ihrer ursprünglichen Hafenanlage und einer schönen Plaza, die neu angelegt ist, andererseits aus der neuen, mehrere Kilometer langen Uferstraße (Avenida de las Playas), die sich fast bis zum Flughafen von Arrecife erstreckt und von den Touristen scherzhaft „Plastikmeile" genannt wird. Diese Einkaufsstraße bietet alles, was des Touristen Herz begehrt: vielerlei Läden, einheimische Handwerkskunst, Bekleidungsgeschäfte, moderne Einkaufszentren und Speiselokale. Wer gerne Fisch ist, sollte allerdings lieber die speziellen Fischrestaurants in der Altstadt aufsuchen. Die Uferstraße begrenzt einen schönen goldgelben Sandstrand. Landeinwärts finden sich Apartmenthäuser und Hotels aller Preisklassen. Die fünf Tauchbasen liegen im Stadtbereich von Puerto del Carmen und an der langen Uferstraße.

1 Safari Diving

Safari Diving ist eine der größten Tauchbasen auf der Insel. Der Holländer Rene van Leeuwen führt diese Basis seit Jahren zusammen mit Ehefrau Dea.

Name:	Safari Diving
Basisleiter:	Rene van Leeuwen
Tauchlehrerqualifikation:	PADI Instructor und FEDAS/CMAS-Tauchlehrer***
Anschrift, Tel., Fax:	Safari Diving, Playa de la Barrilla 4, Tel. 00-34-89-691650, Fax 00-34-28-5104496
Ausbildung:	PADI, alle Stufen
Nächste Druckkammer:	Druckkammer in Arrecife
Kontaktpersonen in Deutschland:	keine

Lage
Die Basis liegt an einer kleinen Sandbucht in der Nähe des Hotels Fariones.

Basis
Die Bucht, an der die Basis liegt, wird durch vorgelagerte Felsen gut geschützt und ist damit für die Anfängertauchgänge gut geeignet. Gleichzeitig bietet die Sandbucht für Schnorchler, Schwimmer und Nichttaucher Spaß für die ganze Familie. Entsprechend der Größe der Basis (5–7 Tauchlehrer und Assistenten vieler Nationen und unterschiedlicher Qualifikationen!) besteht die technische Ausrüstung aus 30 Komplettausrüstungen, 100 DTGs, einem Schlauchboot für 12 Taucher, mehreren Kompressoren und 3 Pkws. Es gibt ausreichend Aufbewahrungsmöglichkeiten für die Utensilien der Gäste und einen separaten Schulungsraum. Öffnungszeiten der Basis: ganzjährig von 9.30–18.00 Uhr.

Tauchbetrieb und Tauchplätze
Die Tauchschule ist ein PADI-5-Sterne-Zentrum, wobei natürlich die Ausbildung nach PADI-Richtlinien im Vordergrund steht, aber auch Taucher nahezu aller anderen Tauchsportverbände sind willkommen. Es wird deutsch, englisch, holländisch und spanisch gesprochen. Qualifizierte, erfahrene Taucher haben die Möglichkeit, jederzeit mit Partner oder Tauchguide selbständige Tauchgänge zu machen oder während der begleiteten Tauchgänge einfach mitzutauchen. Für Nichttaucher und Kinder ist es möglich, täglich begleitete Schnorcheltouren und Lektionen zu buchen.
Vormittags erfolgen täglich geführte Tauchgänge von Land aus, nachmittags starten die Bootstauchgänge zu den naheliegenden Tauchplätzen.
Die Tauchplätze liegen ganz in der Nähe. Es gibt sogar ein schönes Hausriff, das zu Fuß erreicht werden kann. Andere Ufertauchplätze sind die Kathedrale und die Roten Korallen. Überall sieht man Unterwasserstrukturen vulkanischen Ursprungs mit Überhängen und Höhlen bei überdurchschnittlich guten Sichtweiten. Rene sagt: „Wir haben Höhlen und viele große Fische wie Muränen, Zackenbarsche, Tintenfische und Barrakudas, verschiedene Rochenarten und manchmal auch Delphine und Wale."
Zur Abwechslung gibt es Tagesausflüge zum Norden, wohin das Boot mitgenommen wird, um dort die vorgelagerten Inseln zu besuchen. Nachttauchgänge stehen ebenfalls regelmäßig an, sie werden nicht gesondert berechnet.

Unterkunft
Wegen der kurzen Entfernungen können praktisch alle Hotels in Puerto del Carmen gebucht werden. Rene vermittelt aber auch äußerst günstige Apartments in unmittelbarer Nachbarschaft. Wir haben für ein großes Apartment (Küche, Wohn- und Schlafraum) 5000 Pts pro Tag bezahlt.

Preise
Ein Tauchgang mit Ausrüstung der Basis kostet ca. 4500 Pts, bei eigener Ausrüstung ca. 3000 Pts. Bei 10 Tauchgängen reduziert sich der Preis um 400 – 600 Pts pro Tauchgang.
Preise für die PADI-Kurse und Spezialkurse erhält man auf Anfrage. Für Boots- und Nachttauchgänge werden keine Extrapreise erhoben, dafür verlangt Safari Diving 2000 Pts für eine Tauchgenehmigung, die ein Jahr gültig ist.

2 Tauchzentrum Atlantica
Das Tauchzentrum Atlantica liegt im Aparthotel Fariones Playa, einem Teil des luxuriösen Hotels Los Fariones, eröffnet 1993. Es ist ein PADI-5-Sterne-Zentrum mit acht Tauchlehrern und Assistenten.
Name: Tauchzentrum Atlantica
Basisleiter: Birgit Köhler und Ken Minter

In den von Krustenschwämmen überzogenen Lavaspalten findet man Muränen und Meeraale, während sich in den sandigen Böden Rochen verstecken.

Tauchlehrerqualifikation:	PADI Instructor, ACUC und FEDAS/CMAS
Anschrift, Tel., Fax:	Tauchzentrum Atlantica, Aparthotel Fariones Playa, C/. Acatife 2, E-Puerto del Carmen, Lanzarote, Islas Canarias, Tel. 00-34-28-510717, Fax 00-34-28-511322
Ausbildung:	PADI, alle Stufen und CMAS
Nächste Druckkammer:	Druckkammer in Arrecife
Kontaktpersonen in Deutschland:	keine

Basis
Die Basis ist erstklassig und modern ausgestattet. Die Räumlichkeiten bestehen aus einem großen Schulungsraum für 20 Personen, einem Geräteraum mit 2 Kompressoren und zahlreichen DTGs, sowie einem Aufbewahrungsraum für Gästeausrüstungen und eigenes Equipment. 50 Komplettausrüstungen, UW-Video- und Fotokameras sowie UW-Lampen stehen den Gästen zur Verfügung. Ausfahrten und Transporte werden mit zwei Schlauchbooten, einem 12 m Boot und Kfz mit Anhänger gemacht.
Die Basis ist ganzjährig und täglich von 9.00–18.00 Uhr geöffnet.

Tauchbetrieb und Tauchplätze
Es wird grundsätzlich vom Boot aus getaucht, eine Gruppe besteht aus fünf Tauchern und einem Begleiter. Zu den Tauchausfahrten trifft man sich an der Basis, um einen der nahegelegenen Tauchplätze anzufahren oder auch bei einer Tagesfahrt in den Norden am Roque del Este oder an anderen vorgelagerten Inseln zu tauchen. Die Inselgruppe Archipel Chinijo ist ein noch sehr unberührtes und wenig betauchtes Gebiet, das unter Naturschutz steht.
Für die Tauchausbildung stehen ein großer Schulungsraum und das gesamte Unterrichtsmaterial von PADI zur Verfügung, entsprechend der unterschiedlichen Qualifikationen der Tauchlehrer kann aber auch nach ACUC, FEDAS und CMAS ausgebildet werden.

Unterkunft
Für Unterkünfte bietet sich das Vier-Sterne-Hotel Los Fariones mit Aparthotel Fariones Playa an, das über viele deutsche Reiseveranstalter gebucht werden kann.

Preise
Ein Tauchgang mit Ausrüstung der Basis kostet ca. 4.400 Pts, bei eigener Ausrüstung ca. 3.000 Pts. Bei 10 Tauchgängen reduziert sich der Preis um 500 – 600 Pts pro Tauchgang.
Preise für die PADI-Kurse und Spezialkurse erhält man auf Anfrage. Für Check- und Nachttauchgänge werden Extrapreise erhoben. Sämtliche Preise beinhalten

DTG, Blei, Bootsausfahrt, Tauchgangführung und Unfallversicherung einschließlich Beitrag zur Druckkammer. Alle Ausrüstungsgegenstände können auch einzeln ausgeliehen werden.

3 R. C. Diving

R. und C. Diving-Delfin Club (Reiner Simon und Carlos Santamaria) gründeten 1994 die Tauchbasis im Centro Commercial Aquarium in der Avenida de las Playas 38 unweit der Küste.

Name:	R C. Diving-Delfin Club
Basisleiter:	Reiner Simon und Carlos Santamaria
Tauchlehrerqualifikation:	CMAS* (Reiner) und CMAS** (Carlos)
Anschrift, Tel., Fax:	R. C. Diving, C. C. Aquarium 116, Avda. de las Playas 38, E-35510 Puerto del Carmen, Lanzarote, Islas Canarias, Tel. 00-34-28-514290, Fax 00-34-28-512738
Ausbildung:	CMAS alle Stufen
Nächste Druckkammer:	Druckkammer in Arrecife
Kontaktpersonen in Deutschland:	Walter Lascheit, Auf der Lohe 3, 40699 Erkrath, Tel. 0211/202559

Basis und Tauchbetrieb

Die eher kleine Basis ist mit 12 Komplettausrüstungen ausgestattet. Die CMAS-Tauchlehrer bieten ausschließlich begleitete Bootstauchgänge an. Zu Ausfahrten steht ein Schlauchboot zur Verfügung, das Gruppen bis zu 6 Personen zu den nahe gelegenen Tauchplätzen vor der Küste von Puerto del Carmen schippert. Sichtweiten in der Regel 15–20 m, Wassertiefen 7–40 m.
Es werden 4 Tauchgänge täglich durchgeführt, parallel dazu wird Ausbildung in Wochenkursen angeboten. Öffnungszeiten der Basis: Montag bis Samstag von 9.00–18.00 Uhr, am Sonntag ist die Basis geschlossen.

Preise

Ein Tauchgang mit Ausrüstung der Basis kostet ca. 4200 Pts, bei eigener Ausrüstung ca. 3100 Pts, inklusive Boot und Tauchbegleitung. Einen Schnuppertauchgang bekommt man für ca. 4500 Pts.

4 Barakuda Club Lanzarote

Der Deutsche Klaus Wassmann betreibt seit 1976 die nun älteste Tauchbasis auf Lanzarote, die im 4-Sterne-Hotel La Geria liegt.

Name:	Barakuda Club Lanzarote
Basisleiter:	Klaus Wassmann
Tauchlehrerqualifikation:	VDST/CMAS-Tauchlehrer***, staatlich geprüfter Tauchlehrer (FST), SSI Instructor,

	Rebreather-Instructor (RAB) und DAN Oxygen Instructer
Anschrift, Tel., Fax:	Barakuda Club Lanzarote, Hotel La Geria, Postfach 150, N.I.F.B 35.409.101, E-Puerto del Carmen, Lanzarote, Islas Canarias, Tel. 00-34-28-512765, Fax 00-34-28-512765, mobil 00-34-08-644097
Ausbildung:	VDST/CMAS alle Stufen, FST, SSI, RAB, DAN und DLRG
Nächste Druckkammer:	Druckkammer in Arrecife
Kontaktpersonen in Deutschland:	Buchungen über Air Aqua Reisen oder viele deutsche Reiseveranstalter und Direktkontakt zur Basis

Lage
Das Vier-Sterne-Hotel liegt direkt am großen Sandstrand Playa de los Pocillos. Die am Strand entlang führende Straße Avda. de las Playas führt an der Rückseite (Strandseite) des Hotels vorbei. Dort liegt die Basis im Untergeschoß, bevor man die Poolanlage des Hotels betritt.

Basis und Tauchbetrieb
Die Basis hat 20 Komplettausrüstungen, 2 Kompressoren und eine kleine Werkstatt.
Öffnungszeiten sind jeweils kurz vor den Tauchgängen, täglich 9.00–9.20 Uhr und 14.00–14.20 Uhr, sonntags ist Ruhetag.
Klaus und Assistenten bieten 18 verschiedene Tauchplätze auf der ganzen Insel, die von Land aus betaucht werden. Die Tauchtiefen liegen in der Regel zwischen 20–30 m, maximal 40 m. Wer tiefer taucht, bekommt eine Verwarnung und wird ausgeschlossen. Sicherheit geht eben bei ihm über alles.
Unterkünfte und Mietwagen werden gern von der Basis vermittelt.

Preise
Ein Tauchgang mit Ausrüstung der Basis kostet ca. 47 DM, bei eigener Ausrüstung ca. 31 DM, jeder 10. Tauchgang ist gratis. Neben normalen Tauchkursen werden

Oben links: Feuerwurm (Hermodice carunculata).
Oben rechts: Atlantische Tanzgarnele (Rhynchocinetes rigens).
Mitte links: Kolonie von Kalkröhrenwürmern (Serpula sp.).
Mitte rechts und unten links:
Farbvarianten der Keulenanemone (Telmatactis ceicoides).
Unten rechts: Dornenseestern (Coscinaterias tenuispina).

z. B. auch Rebreather-Kurse (ca. 1000 DM) und Rebreather-Schnuppertauch-
gänge (ca. 100 DM) angeboten.

5 Speedy's Tauchschule
Der IDA Instructor Klaus Richter, genannt „Speedy", führt diese Basis seit 1990
in der Apartmentanlage Arena Dorada. Die Basis ist vielen Lanzarotebesuchern
noch als DIWA-Tauchschule Lanzarote bekannt. Durch den Wechsel zum europäischen Verband IDA (International Diving Association) ist sie jetzt auch dem Weltverband CMAS angeschlossen.

Name:	Speedy's Tauchschule Lanzarote
Basisleiter:	Klaus Richter
Tauchlehrerqualifikation:	IDA Instructor und staatlich anerkannter Tauchlehrer (I.T.L.A.)
Anschrift, Tel., Fax:	Speedy's Tauchschule Lanzarote, Aptos. Arena Dorada, Calle Tanausú 1, E-35510 Puerto del Carmen, Lanzarote, Islas Canarias, Tel. und Fax 00-34-28-511402
Ausbildung:	IDA (CMAS), alle Leistungsstufen bis zum Tauchlehrer
Nächste Druckkammer:	Druckkammer in Arrecife
Kontaktpersonen in Deutschland:	Elisabeth Fröhle, Gugelstr. 11, 90459 Nürnberg, Tel. 0911/441771 und Jochen Wild, Gugelstr. 11, 90459 Nürnberg, Tel. 0911/ 4466258, Buchungen über NUR-Touristik

Lage
Die Basis liegt hinter dem Centro Commercial Arena Dorada. Man orientiert sich
an der Rezeption (Calle Tanausú 1) vorbei zur Tauchbasis in Haus Nr. 5. Sie ist
gerade 80 m von der Playa Blanca entfernt.

Basis und Tauchbetrieb
Speedy verfügt über 20 Komplettausrüstungen, Kompressor, Ausrüstungsgegenstände für den Verleih, Taucherbus und bei Bedarf auch Boote. Er ist auf Einzel-
personen und Gruppen gleichermaßen eingestellt.
Schnuppertauchgänge und Anfängerausbildung erfolgen im Pool der Anlage. Die
Tauchgänge werden von Land aus durchgeführt. Gegen 9.30 Uhr fährt man mit
dem Auto zu den Tauchplätzen, zieht sich an Ort und Stelle um und erreicht die
schönen Tauchplätze nach einer kurzen Schnorchelstrecke.
Bei Bedarf werden Nachttauchgänge oder Tagesausflüge in den Norden oder zu
der Fuerteventura vorgelagerten kleinen Nachbarinsel Lobos unternommen.
Wenn Bedarf besteht, gibt es am frühen Nachmittag einen zweiten Tauchgang.
Vormittags um 9.00 Uhr ist die Basis immer geöffnet, mittwochs ist Ruhetag.

Die Ausbildung erfolgt jetzt nach CMAS-Richtlinien, seitdem die Basis an die IDA angeschlossen ist. Es können alle Leistungsstufen und Spezialkurse abgenommen werden, auch die Ausbildung zum Tauchlehrer ist möglich.

Unterkunft
Sinnvoll ist die Unterkunft in der Apartmentanlage Aptos. Arena Dorada, die über NUR-Touristik gebucht werden kann. Falls die Gäste in anderen Hotels untergebracht sind, bietet Speedy einen Pick up-Service, d. h. läßt sie von ihren Hotels abholen und bringt sie nach dem Tauchgang auch wieder zurück.

Preise
Ein Tauchgang mit Ausrüstung der Basis kostet ca. 45 DM, bei eigener Ausrüstung ca. 38 DM. Ab dem 12. Tauchgang werden 15 % Rabatt gewährt, Nachttauchgänge kosten ca. 20 DM Zuschlag. Der Anfängerkurs ist für ca. 650 DM zu haben.

Costa Teguise

Costa Teguise ist das zweite große Touristenzentrum nach Puerto del Carmen. Trotz zahlreicher Bungalowanlagen und Hotels hat man es verstanden, in der Bauweise und Anordnung der Anlagen die inseltypische Struktur zu wahren. Der Einfluß von Cesar Manrique ist unverkennbar. Das von ihm erbaute Hotel Las Salinas Sol (heute Melia) gilt als das schönste der Kanarischen Inseln, man sollte es sich ansehen.
Es gibt viele kleine, windgeschützte Sandbuchten und einen künstlich angelegten Sandstrand vor dem Hotel Las Salinas Sol. Die Strände sind nicht überlaufen.
Am Ort gibt es eine englische und eine deutsche Tauchbasis, die beide schon seit Jahren bestehen.
Vom Flughafen dauert es ca. 25 min mit dem Auto zur Costa Teguise.

6 Calipso Diving
Diese von den Engländern Heather Johnson und Peter Monk geführte Tauchbasis liegt im Cantro Commercial Calipso, Lokal 3 neben einem deutschen Fahrradverleih.

Name:	Calipso Diving
Basisleiter:	Heather Johnson und Peter Monk
Tauchlehrerqualifikation:	PADI Instructor, BSAC/CMAS-Tauchlehrer und ACUC Instrutor
Anschrift, Tel., Fax:	Calipso Diving, Ctro. Cial. Calipso, Local 3, Avda. de las Islas Canarias, E-35509 Costa Teguise, Lanzarote, Islas Canarias, Tel. und Fax 00-34-28-590879

Ausbildung: PADI, BSAC/CMAS, ACUC
Nächste Druckkammer: Druckkammer in Arrecife
Kontaktpersonen in Deutschland: Martin Alberg, Gehägestr. 46 a, 30655 Han-
nover, Tel. 0511/692077, Fax 0511/602593

Lage
Die Basis liegt nicht direkt am Meer, sondern in dem nur einige Gehminuten entfernten Centro Commercial Calipso.

Tauchbasis Calipso Diving. Skizze des Tauchplatzes Mala.

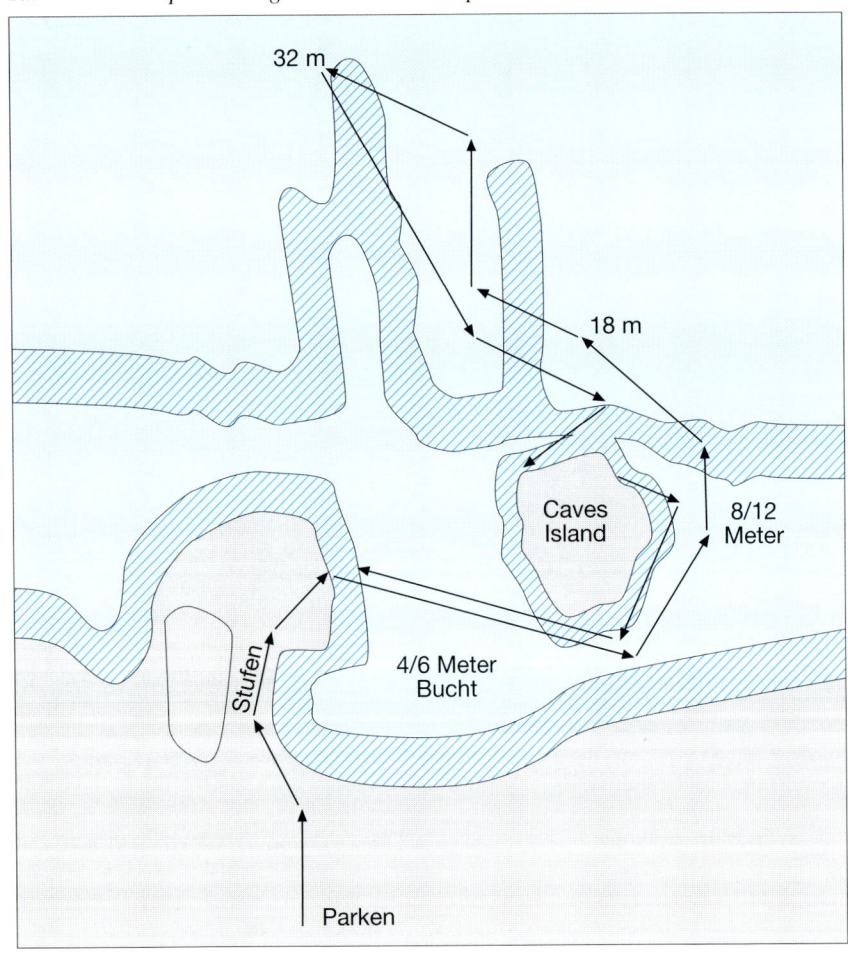

Basis und Tauchbetrieb
Auf 100 m² Fläche bietet sich eine sauber und vor allem lückenlos ausgestattete Tauchbasis mit 20 kompletten Geräten, Schulungsraum, Kompressorraum, kleiner Werkstatt und 2 Kfz.
Zweimal täglich fährt man mit dem Auto die Tauchplätze an. Um 20.00 Uhr starten die regelmäßig durchgeführten Nachttauchgänge.
In der Tauchausbildung werden alle Leistungsstufen der Verbände PADI, BSAC und ACUC/CMAS sowie deren Spezialkurse angeboten. Je nach Qualifikation der beschäftigten Tauchlehrer sind auch VDST-Abnahmen möglich (bitte vorher Anfragen an die Basis!).
Grundsätzlich sind die Tauchgänge begleitet. Es ist auf dieser Basis aber durchaus üblich, daß zwei Taucher mit dort ausgeliehenem Gerät selbständig an den zugewiesenen Tauchplätzen allein in Eigenverantwortung tauchen.
Der beliebteste Tauchplatz ist „Mala" im Norden der Insel. Hier erfolgt der Einstieg über Stufen in eine kleine 4–6 m tiefe Bucht. Dann geht es an einer kleinen Insel vorbei durch phantastische Lavaformationen bis in eine Wassertiefe von 32 m. Der Rückweg kann variabel gestaltet werden, wobei Höhlen, Spalten, Krater und Überhänge zum Verweilen verführen.

Unterkunft
Die Basis ist keinem Hotel direkt angeschlossen. Calipso Diving empfiehlt die Apartmentanlagen Nazaret, Celeste und Olita, die alle in der Nähe liegen. Andernfalls werden die Taucher von ihren Unterkünften abgeholt und auch wieder zurückgebracht.

Preise
Ein Tauchgang mit eigener Ausrüstung kostet ca. 3700 Pts. Bei 10 Tauchgängen reduziert sich der Preis um ca. 1000 Pts pro Tauchgang. Das Angebot umfaßt Tauchgänge inklusive Transport und Führer für begleitete Tauchgänge. Tauchgänge vom Boot können organisiert werden, jedoch zu Extrapreisen. Sämtliche Ausrüstungsgegenstände können vermietet werden, die komplette Ausrüstung für ca. 2000 Pts pro Tauchgang. Spezialkurse nach PADI, ACUC/CMAS und BSAC auf Anfrage.
Alle Taucher brauchen eine „Tauch-Dekokammer-Bescheinigung", die Calipso Diving besorgt. Für diese Bescheinigung braucht man Reisepass/Personalausweis, Tauchqualifikation und Logbuch sowie ein ärztliches Attest mit dem Datum der letzten Untersuchung. Diese Genehmigung kostet 2000 Pts.

7 Diving Lanzarote
Die von den deutschen Andreas Blüthgen und Detlef Heitzmann geleitete Tauchbasis liegt direkt an der Strandpromenade von Playa de las Cucheras.

Name: Diving Lanzarote
Basisleiter: Andreas Blüthgen und Detlef Heitzmann
Tauchlehrerqualifikation: Barakuda/CMAS-, VDTL/CEDIP- und staat-
                                     lich geprüfte Tauchlehrer (I.T.L.A.)
Anschrift, Tel., Fax: Diving Lanzarote, Apto. de Correos 104, E-
                                     35509 Costa Teguise, Lanzarote, Islas Cana-
                                     rias, Tel. 00-34-28-590407, Fax 00-34-28-
                                     592548
Ausbildung: Barakuda/CMAS und VDTL/CEDIP
Nächste Druckkammer: Druckkammer in Arrecife
Kontaktpersonen in Deutschland: Mario Engler, Glimmerweg 41, 12349 Berlin,
                                     Tel. 030/736372, Air Aqua Reisen

Basis und Tauchbetrieb

Die ganzjährig geöffnete Basis kann 20 Taucher komplett ausrüsten. Getaucht wird mit 10 und 12 1-Flaschen, die Luftversorgung erfolgt über 2 Bauer Kompressoren.
Öffnungszeit der Basis ist 8.30–18.00 Uhr, sonntags Ruhetag.
Für die Landtauchgänge erfolgt die Abfahrt von der Basis am frühen Vormittag. Je nach Wetterlage fährt man eines von fünf Tauchgebieten an und macht dort zwei Tauchgänge. Grundsätzlich werden nur Nullzeittauchgänge durchgeführt. Zwischen den Tauchgängen liegt eine Oberflächenpause von 60 min. Nach Mittag werden die Taucher an der Basis zurückerwartet, so daß noch ausreichend Zeit für andere Freizeitaktivitäten oder für die nichttauchende Familie zur Verfügung steht.

Für die Bootstauchgänge haben sie ein spezielles Schlauchboot, das mit Funk und Echolot ausgestattet ist. Die Ausfahrten sind für max. 10 Taucher ausgelegt, sie werden von zwei erfahrenen Tauchlehrern begleitet. Der Bootsführer bleibt zur Sicherheit auch während des Tauchgangs im Boot. Die Ausfahrten erfolgen um 11.00 und 15.30 Uhr und dauern 15–30 min, es sei denn, man steuert nach Absprache Orzola im Norden der Insel oder Puerto Calero südlich von Puerto del Carmen an und startet von dort aus die Bootstauchgänge.
Die Ausbildung vom Beginner bis zum Tauchlehrer inklusive der erforderlichen Spezialkurse erfolgt nach Barakuda/CMAS-Richtlinien und nach VDTL/CEDIP. Die Basis ist Hospitationsbasis der Internationalen Tauchlehrerakademie Potsdam (I.T.L.A.)

Unterkunft

Mit einigen Apartmentanlagen arbeitet die Basis zusammen und vermittelt Unterkünfte. Für die weitergelegenen Hotels gibt es einen Abholservice. Alle bekannten Reiseanbieter haben die Costa Teguise in ihrem Programm.

Preise

Ein Tauchgang mit eigener Ausrüstung kostet ca. 4200 Pts. Bei 10 Tauchgängen reduziert sich der Preis um ca. 900 Pts pro Tauchgang. Für Nacht- und Boots-tauchgänge werden Zuschläge erhoben. Ausrüstungsgegenstände werden auch einzeln verliehen, ABC-Ausrüstung und UW-Lampen sind kostenlos.

Spezialkurse bekommt man auf Anfrage und es wird eine „Druckkammergebühr" von 2000 Pts erhoben, die 4 Wochen Gültigkeit hat.

8 Club La Santa

La Santa ist ein kleines Dorf im Westen der Insel. Die Bewohner leben über-wiegend von den Urlaubern des nahegelegenen Hotels La Santa Sport und vom Fischfang. Auffallend sind die für die Größe des Ortes ungewöhnlich zahl-reichen Restaurants und Bars. Die Hotelanlage La Santa Sport liegt ca. 1 km von dem Örtchen La Santa entfernt. Es ist ein 1.400-Betten-Hotel mit aus-gezeichneten Wassersportmöglichkeiten, aber auch für Tennis, Squash, Fuß-ball und viele weitere Sportarten sind ausreichende Einrichtungen vorhan-den.

Die von dem Dänen Johnny Spure Olsen geleitete Tauchbasis befindet sich in einem separaten Rundbau in dieser Hotelanlage.

Name:	Club La Santa
Basisleiter:	Johnny Spure Olsen
Tauchlehrerqualifikation:	FEDAS/CMAS***-Tauchlehrer, NAUI und PADI Instructor
Anschrift, Tel., Fax:	La Santa Diving, E-35560 Tinajo, Lanzarote, Islas Canarias, Tel. 00-34-28-840100, Fax 00-34-28-840628
Ausbildung:	FEDAS/CMAS, PADI und NAUI, alle Lei-stungsstufen
Nächste Druckkammer:	Druckkammer in Arrecife
Kontaktpersonen in Deutschland:	keine, wird von vielen deutschen Reiseveran-staltern angeboten

Basis und Tauchbetrieb

Die geräumige Basis ist mit kompletten Ausrüstungen für 20 Taucher und der dop-pelten Zahl an Tauchgeräten ausgestattet. Drei Kleinbusse bringen die Taucher zu allen möglichen Tauchplätzen, aber auch zum Hafen von Puerto del Carmen. Hier liegt das Glasfiberboot für 14 Personen, womit die Bootstauchgänge durchgeführt werden.

Öffnungszeit der Basis ist täglich von 8.45–17.00 Uhr.

Da die Entfernungen zur Westküste doch weiter sind, fährt man nur einmal täg-lich zu einem Tauchplatz, macht dort zwei Tauchgänge und ist gegen 14.00 Uhr wieder zurück im Hotel.

Die Tauchplätze sind: das Hausriff La Santa (5–15 m Wassertiefe), Puerto del Carmen, das fast alle Tauchbasen zum Tauchen anfahren, und Mala mit exzellenten Sichtweiten, Großfischvorkommen und einer traumhaften Unterwasserstruktur vulkanischen Ursprungs. Ausbildung erfolgt nach den Richtlinien von FEDAS/CMAS, PADI und NAUI. Wöchentlich beginnen neue Anfängerkurse, regelmäßige Durchführung von Spezialkursen.

Unterkunft
Sinnvoll ist die Unterkunft in der Hotelanlage La Santa Sport, auch wenn der Club die Taucher aus anderen Hotels zu den Ausfahrten abholt. Einige deutsche Reiseveranstalter bieten das Hotel an.

Preise
Ein Tauchgang mit eigener Ausrüstung kostet ca. 4600 Pts. Ab 6 Tauchgängen reduziert sich der Preis um ca. 1300 Pts pro Tauchgang. Für Gruppen gibt es gestaffelte Rabatte. Preise für die Spezialkurse erhält man auf Anfrage.

Playa Blanca

Playa Blanca ist der Name des kleinen, südlichsten Dorfes der Insel. Er ist in den letzten Jahren bedeutsam geworden, weil hier viele Apartmentanlagen entstanden sind und die touristische Infrastruktur nun als gut bezeichnet werden kann. Es gibt hier einen schönen weißen Sandstrand, den man von allen Apartmentanlagen bequem erreichen kann.

9 Las Toninas
Die Tauchbasis liegt im Untergeschoß des Hotels Playa Flamingo, die jetzigen Eigentümer sind Marcelo Machin und Fran Delgado.

Name:	Las Toninas
Basisleiter:	Marcelo Machin und Fran Delgado
Tauchlehrerqualifikation:	FEDAS/CMAS***-Tauchlehrer, PADI Instructor und ACUC
Anschrift, Tel., Fax:	Las Toninas, Hotel Playa Flamingo, E-35570 Playa Blanca, Lanzarote, Islas Canarias, Tel. 00-34-28-517300 und 517360, Fax 00-34-28-840628
Ausbildung:	FEDAS/CMAS, PADI und ACUC, alle Leistungsstufen
Nächste Druckkammer:	Druckkammer in Arrecife

Kontaktpersonen in Deutschland: keine, wird von vielen deutschen Reiseveranstaltern angeboten

Basis und Tauchbetrieb
Die Tauchbasis im Playa Flamingo Hotel erkennt man an dem übergroßen Tau-
cher an der Außenwand, der uns schon von weitem begrüßt. Im Untergeschoß fin-
det man die Räumlichkeiten der Basis mit Büro, Schulungsraum, Geräteraum,
Duschen und Toiletten.
Die technische Ausrüstung besteht aus 12 kompletten Ausrüstungen, 2 Kompres-
soren, 2 Schlauchbooten und einem festen Boot.
Landtauchgänge erfolgen vom „Hausriff", d. h. vom Strand aus, der direkt vor der
Tür liegt oder man fährt mit dem Kleinbus zu entfernteren Landtauchplätzen. Es
werden wenigstens zwei Tauchgänge täglich angeboten, in der Saison auch mehr.
Mit dem Boot erreicht man 10 verschiedene Tauchplätze an der Südküste.
Wenn zusätzlich keine mehrsprachigen Tauchlehrer oder Assistenten beschäftigt
sind, ist die Verständigung oft schwierig.
Ausbildung erfolgt nach FEDAS/CMAS-, PADI- und ACUC-Richtlinien, es werden auch Nachttauchgänge und Spezialkurse angeboten.
Wem Playa Blanca zu langweilig ist, der kann sich auch mit der Fähre nach Cor-
ralejo/Fuerteventura übersetzen lassen, um dort mit Miguel Abella zwischen der
kleinen Insel Lobos und Fuerteventura zu tauchen.

Unterkunft
Hotels und Apartments werden von einigen deutschen Reiseveranstaltern angeboten. Am besten, man bucht schon zu Hause eine Komplettreise. Für Taucher, die
in entfernteren Hotels von Playa Blanca untergebracht sind, steht ein Abholservice der Basis zur Verfügung.

Preise
Ein Tauchgang mit Ausrüstung der Basis kostet zwischen 3500 und 5500 Pts, mit
eigener Ausrüstung kostet er ca. 500 Pts weniger. Bei mehr als 6 gebuchten Tauchgängen und bei Gruppen ab vier Personen werden Rabatte gewährt.
Die Anmeldung zu den Tauchgängen muß tags zuvor erfolgen.

Praktische Tips für Tauchreisende von A–Z

Apotheken

Apotheken sind auch in kleineren Orten in ausreichender Zahl vorhanden, sie sind äußerlich durch ein rotes oder grünes Malteserkreuz gekennzeichnet. Die Öffnungszeiten sind in der Regel vormittags von 9–13 und nachmittags von 16–20 Uhr. An Sonn- und Feiertagen steht ein Notdienst bereit. Viele Medikamente sind zu Hause durch die Krankenkasse erstattungsfähig, daher bitte an Quittung denken!

Ärzte

Die ärztliche Versorgung ist auf den Kanarischen Inseln als durchaus gut und dem europäischen Standard angepaßt zu bezeichnen. Auf den großen Inseln gibt es jeweils deutsche Ärzte mit unterschiedlichen Fachqualitäten, deutschsprechende Ärzte gibt es außer auf La Gomera auf allen Inseln. Die Telefonnummern erfahren Sie am einfachsten und sichersten über die Hotelrezeption oder über den Tauchbasisleiter. Mit Tauchunfällen erfahrene Ärzte gibt es in der Universitätsklinik von St. Cruz de Tenerife, Tel (922) 641290, in Fuerteventura an der Jandia Playa und auf Gran Canaria (Bahia Feliz bei St. Augustin). In Fuerteventura steht die Druckkammer in der Tauchbasis des Robinson Clubs, Tel.: 28-541375, wo der diensthabende Taucherarzt zu erfragen ist. Von den übrigen Inseln können schnelle Hubschraubertransporte zu diesen drei Mehrpersonen-Druckkammern erfolgen.

Zwischen Spanien und verschiedenen europäischen Ländern bestehen Abkommen, nach denen der Patient das Recht hat, sich im Krankheitsfall auf Krankenschein behandeln zu lassen. Das gilt für die BRD, Österreich und Holland, nicht jedoch für die Schweiz. Der Patient hat den Nachweis zu erbringen, daß er im Heimatland krankenversichert ist, am besten durch die jetzt in Deutschland übliche Krankenversicherungskarte. Bei der Behandlung in Spanien gibt es allerdings zwei gravierende Unterschiede: der Betroffene hat keine freie Arztwahl, sondern er muß die hierfür vorgeschriebenen Einrichtungen aufsuchen und nicht alle Leistungen, die im Heimatland von den Krankenkassen bezahlt werden, fallen auch in Spanien unter die Leistungspflicht der Sozialversicherung, sondern müssen aus eigener Tasche bezahlt werden. Dies gilt übrigens auch für Medikamente.

Ausweise

Reisepaß, ein gültiger Personalausweis ist jedoch ausreichend. Führerscheine aus der BRD, Österreich und der Schweiz werden anerkannt. Bei Mitnahme des eigenen Pkw ist die Grüne Versicherungskarte erforderlich.

Wellenreiten, surfen, tauchen, schnorcheln …
die Kanaren sind ein Paradies für Wassersportler.

Autovermietung (→ Leihwagen)

DAN

DAN = Divers Alert Network ist eine aus Amerika stammende Rettungsorganisation, die dem Mitglied eine flächendeckende tauchmedizinische Beratung (Hotline) rund um die Uhr, Organisation von unverzüglichem Transport und Zuweisung zur nächstgelegenen Druckkammer bietet. Kosten ca. 110 DM jährlich. Weitere Informationen über DAN Europe Deutschland, Tel. 0431/549861, Fax 0431/544288, Sprechzeiten montags und donnerstags 19.00–21.00 Uhr. Hotline: 00-41-1-383-1111 (Rega Zürich).

Druckkammer

Es gibt auf den Kanarischen Inseln vier gut funktionierende Mehrpersonen-Druckkammern mit 24stündigem Bereitschaftsdienst: Universitätsklinik St. Cruz de Tenerife (Tel. 22-641290), die Druckkammer im Robinson Club auf Fuerteventura (Tel. 28-541375), die Druckkammer in Bahia Feliz auf Gran Canaria (zu erreichen über August de Vylder von „Top Diving" Gran Canaria, Tel. 28-565677, Fax 28-565526) und die neue Druckkammer im Krankenhaus von Arrecife, Lanzarote.

FEDAS

Spanischer Tauchsportverband, Barcelona: Tel. 93/2009200 oder 93/2006769

FEDECAS

Kanarischer Tauchsportverband, Vorsitzender Don Luciano, Santa Cruz de Tenerife, Tel. 22/226791

Geld

Bei der Ein- und Ausfuhr von Geld gibt es keine Beschränkungen. Getauscht wird bei den Banken, den Wechselstuben und den Rezeptionen der größeren Hotels, allerdings zu erheblich schwankenden Bedingungen, so daß sich unbedingt ein Vergleich lohnt.

Geschwindigkeitsbegrenzung

Autobahnen 120 km/h, Schnellstraßen 100 km/h, sonstige Straßen 90 km/h, Stadtbereich 50 km/h und in gekennzeichneten Wohngebieten 20 km/h.

Haustiere

Bei Mitnahme von Haustieren wird ein amtstierärztliches Zeugnis (nicht älter als 14 Tage) verlangt. Eine Tollwutimpfung muß ebenfalls nachgewiesen werden. Sie darf nicht älter als 1 Jahr sein und muß mindestens 3 Wochen zurückliegen.

Krankenschein (→ Ärzte)

Ladenöffnungszeiten
In den großen Touristenzentren wird das Ladenschlußgesetz recht frei gehand-habt, so daß man bis in die späten Abendstunden einkaufen kann. Die offiziellen Geschäftszeiten sind montags bis freitags 9–13 Uhr und 16–20 Uhr sowie sams-tags 9–13 Uhr.

Leihwagen
Für einen Leihwagen zahlt man rund 3500 bis 5000 Pts pro Tag, hinzu kommen die Versicherungsgebühren (ca. 600 Pts pro Tag für Vollkasko) und die Benzin-kosten. Bei längeren Ausleihzeiten sind erhebliche Rabatte möglich. Auf den größeren Inseln stellen viele Firmen ab einer wöchentlichen Ausleihzeit einen Flughafendienst zur Verfügung.

Notruf
Telefon: 091 (Polizei), in den Stadtbezirken von Teneriffa, Gran Canaria und Lanzarote zusätzlich 092 (Stadtpolizei)
La Gomera: 870062 und 870255
El Hierro: 550025 und 550105

Es existieren weitere Notrufnummern für Rotes Kreuz, Krankentransport und Feuerwehr.

Post
Die Postämter sind außer sonntags von 9–13 Uhr geöffnet, oft auch nachmittags von 17–19 Uhr. Der Postweg nach Deutschland dauert mindestens 5 Tage.

Reiseapotheke
Eine Reiseapotheke, wie man sie von Malediven- oder Ägyptenreisen gewohnt ist, ist für die Kanaren nicht erforderlich. Die Apotheken verfügen über fast alle Medi-kamente, die in Deutschland auch zur Verfügung stehen (Apotheken), nur in der Regel mit anderen Handelsnamen. Mißverständnisse können der Apotheker oder ein Arzt klären. Persönliche Medikamente sollten von zu Hause mitgebracht wer-den.

Schiffsverbindungen
Es gibt Schiffsverbindungen zwischen den einzelnen Inseln und von und nach Europa (Autofähre am besten von Cadiz zu den Kanarischen Inseln). Eine Autofähre verkehrt regelmäßig und täglich zwischen Teneriffa, La Gomera und El Hierro. Los Christianos – San Sebastian und zurück kostet für einen PKW unter 4,5 Metern ca. 3900 Peseten, die Überfahrt dauert 1 1/2 Stunden.

Ein Tragflügelboot (Jetfoil) verkehrt als Personenfähre zwischen Teneriffa, Gran Canaria und Fuerteventura, ein weiteres (Hydrofoil) zwischen Teneriffa und Gomera. Die Preise entsprechen den Flugkosten. Tel. Ferry Gomera: 22-790556 und Trasmediterranea (Jetfoil): 922-243011 auf Teneriffa.

Tauchtauglichkeit

Während in Deutschland die ärztliche Tauchtauglichkeitsbescheinigung nach den Richtlinien der Gesellschaft für Tauch- und Überdruckmedizin (GTÜM) bei Tauchern bis zu 40 Jahren nicht älter als 2 Jahre und über 40 Jahre nicht älter als 1 Jahr sein darf, gilt nach spanischem Gesetz generell: Tauchtauglichkeitsbescheinigung nicht älter als 1 Jahr! Es wird dringend empfohlen, die ärztliche Tauglichkeitsuntersuchung in Deutschland durchführen zu lassen. Formulare gibt es bei der Geschäftsstelle der Gesellschaft für Tauch- und Überdruckmedizin, Dunantring 58, D-65936 Frankfurt und bei den großen Tauchsportverbänden.

Tauchunfall

Die Rettungskette bei einem Tauchunfall wird durch den Basisleiter organisiert. Bedenken Sie, daß auch bei leichten Symptomen eine Druckkammerbehandlung erforderlich ist. Vorher sollte man nach der heutigen Kenntnis auf Sauerstoffbehandlung drängen, besonders auch während des Transportes zur Druckkammer. Bei Aufenthalten auf den Westkanaren (Teneriffa, La Gomera, La Palma und El Hierro) ist die Druckkammer in Santa Cruz de Tenerife, Tel. 22-641290, zuständig, auf den Ostkanaren (Gran Canaria, Fuerteventura und Lanzarote) die Druckkammer im Robinson Club von Fuerteventura, Tel. 28-541375. DAN-Mitglieder, aber auch Nichtmitglieder können die Hotline 00-41-1-383-1111 (Rega Zürich) verwenden, die gesamte Rettungskette wird dann von dort organisiert. Nichtmitglieder werden allerdings zur Kasse gebeten. Auch in Gran Canaria und Lanzarote sind Druckkammern installiert, die ausschließlich zur Behandlung von Tauchunfällen zur Verfügung stehen.

Taxi

Taxen gibt es – inzwischen auch auf der Insel Hierro – preiswert und zahlreich. Für Kurzstrecken bzw. im Stadtbereich zahlt man meist zwischen 400 und 500 Pts, für längere Strecken ermitteln die Fahrer den Preis aus einer Tabelle. Man kann aber auch die Preise mit dem Fahrer aushandeln.

Telefonieren

Die einfachste Art zu telefonieren ist die über „Telephono publico". Die Gespräche werden hier vermittelt, und man zahlt lediglich die direkten Gesprächskosten ohne irgendwelche anderen Gebühren. Zuerst wählt man die 07, dann die Landesvorwahl Deutschland 49, Schweiz 41, Österreich 43, danach ohne die Null die Ortsnetzkennzahl und dann die Teilnehmernummer. Bezüglich der Kosten exi-

Vom Windsurfen bis zu einem Besuch bei den Delphinen – die Kanarischen Inseln bieten ein abwechslungsreiches Freizeitangebot.

stieren drei Tarife: der Normaltarif an Werktagen zwischen 7 und 14.00 Uhr sowie zwischen 16 und 21.00 Uhr, der Billigtarif I an Werktagen von 14–16.00 Uhr und 21–24.00 Uhr und der Billigtarif II Samstag von 0 bis 7.00 Uhr und von 14–24.00 Uhr. Die nationale Vorwahlnummer für Teneriffa, La Gomera, La Palma und El Hierro ist 922, die von Gran Canaria, Fuerteventura und Lanzarote 928. International muß man mit 00-34-22 und 00-34-28 vorwählen, dann folgt die Nummer des Teilnehmers. Handys können auf den Kanarischen Inseln gut verwendet werden, der Empfang ist von und nach Deutschland inzwischen ausgezeichnet.

Tenerife Diving Association
Ten-Bel Hotel Park, Apartado de Correos 133, E-3830 Las Galletas, Tel. 00-34-22-731920 oder Tel./Fax 730981

Uhrzeit
Die Uhr ist auf den Kanarischen Inseln um eine Stunde zurückzustellen, da hier die westeuropäische Zeit gilt.

Unfallversicherung
Dem Taucher wird dringend geraten, die Versicherungsverhältnisse vor Abschluß eines Vertrages mit der Basis abzuklären. Bei den organisierten Tauchbasen ist der Tauchunfall in der Regel mitversichert. Durch die Druckkammerbehandlung kann ein Tauchunfall erhebliche Kosten verursachen, die generell von unseren Krankenkassen einschließlich der Privatversicherungen nicht übernommen werden, wenn der Tauchunfall im Ausland passiert. Besser ist ein Versicherungsabschluß in der Heimat. VDST-Taucher sind über den Gerling-Konzern abgedeckt, empfehlenswert ist jedoch das Zusatzpaket der Barmenia für die Auslands-Reiseversicherung, wobei Rücktransport und andere Behandlungskosten eingeschlossen sind (ca. 20 DM). Den nicht verbandsgebundenen Tauchern empfehlen wir die DAN-Versicherung (DAN).

Versicherung → Unfallversicherung

Weiterführende Literatur

Brito, Alberto: Catálogo de los Peces de las Islas Canarias, Francisco Lemus, Editor, La Laguna, 1991

Concepcion, José Luis: Die Guanchen. Ihr Überleben und ihre Nachkommen, Deposito Legal: TF 157/86

Held, Bord: Teneriffa-Inselführer, Horack-Verlag, Essen 1987

Kensok, Peter: Kanarische Inseln, Hayit Verlag, Köln 1993

Kerl, Willi: Die Kanarischen Inseln, Prestel Verlag, München 1990

Lopez Herrera, Salvador: Die Kanarischen Inseln – Ein geschichtlicher Überblick, Verlag Salvador Lopez Herrera, Deposito Legal: M-11.313.1978

Moreno, José Manuel: Fauna der Kanarischen Inseln, Ediciones Turquesa, 1992

Moreno, José Manuel: Flora der Kanarischen Inseln, Ediciones Turquesa, 1993

Reifenberger, Adam: Teneriffa Handbuch, Conrad Stein Verlag, Kiel 1991

Reifenberger, Ursula und Adam: Kanarische Wanderungen auf La Gomera, El Hierro und La Palma, Conrad Stein Verlag, Kiel

Weinberg, Steven: Erlebte Unterwasserwelt – Atlantik. Delius Klasing / Edition Naglschmid, Bielefeld 1997

Wirtz, Peter: Unterwasserführer Madeira, Kanaren, Azoren: Fische. Naglschmid Verlag, Stuttgart 1994

Wirtz, Peter: Unterwasserführer Madeira, Kanaren, Azoren: Niedere Tiere. Delius Klasing / Edition Naglschmid, Bielefeld 1995

Delius Klasing
EDITION NAGLSCHMID

Meer entdecken – mehr erleben

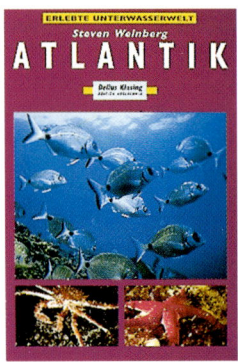

384 S., 484 Farbfotos
und 4 S/W-Fotos,
43 Zeichnungen, flex. geb.
ISBN 3-7688-1008-9

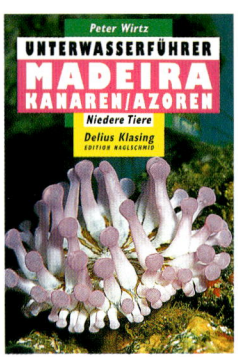

248 S., 301 Farbfotos,
5 Abb., kart.
ISBN 3-89594-014-3

… mit der Praxisreihe „Erlebte Unterwasserwelt", die Sporttauchern und Meeresfans erlebnisorientierte Informationen aus den verschiedensten Bereichen des Tauchsports bietet.

Zur Zeit der einzige umfassende deutschsprachige Unterwasserführer für den Atlantik von Norwegen bis Südspanien.

Die „Unterwasserführer" zeigen das Leben in Meeren und Seen und sind als Bestimmungsbücher für Laien ebenso geeignet wie als Nachschlagewerke für Experten.

Für diese Region ebenfalls lieferbar:

PETER WIRTZ
**Unterwasserführer
Madeira/Kanaren/Azoren – Fische**

160 S., 12 Farbfotos, 2 Abb.
ISBN 3-927913-29-4

Viele andere Bücher beschäftigen sich neben diesen noch mit dem Tauchen. Verlangen Sie unser ausführliches Verzeichnis über Ihren Buch- oder Fachhandel oder direkt vom Verlag, Postfach 101671, 33516 Bielefeld.

Delius Klasing
EDITION NAGLSCHMID

Tauchreiseführer

Erhältlich im Buch- und Fachhandel